大信

GREAT FAITH SEEMS BLIND

名作家、資深出版人 **殷穎** 著

散文名家 **王鼎鈞** 專文推薦

目錄

出版序
LOGOS系列叢書

人類自古以來，一直試著找尋出宇宙與生命的「道」。古希臘有一位哲學家名叫赫拉克利特（Heraclitus, c.535 BC - 475），他提出不變、萬古長存的道（*logos*），萬事萬物都是按這*logos*生成變化，但這道總是不被人們所理解。孔子說：「朝聞道，夕死可矣！」究竟生命當中有什麼「道」，可以值得如此追尋，死而無憾？

聖經告訴我們：「太初有道（*logos*），道與神同在，道就是神。」（約翰福音一章1節）「道成了肉身，住在我們中間。」（約翰福音一章14節）藉著耶穌基督——上帝的獨生子——的降生，道成肉身來到

我們的世界，我們有機會認識道，因為祂就是道。

　　要認識主耶穌這位又真又活的道，必須從讀聖經與禱告開始。有鑑於讀經的重要性以及閱讀門檻，主流出版社特別選輯了一些有助於讀經、認識真道的書籍，出版成「LOGOS系列叢書」，好讓讀者藉著這些書，能夠更深地認識上帝，活出美好的人生。是為序。

主流出版有限公司發行人

鄭超睿

推薦序

大信若盲，大信非盲

王鼎鈞

牧者殷穎先生以新近寫成的宏論見示，標題為「大信若盲」，他沿用老子「大智若愚、大巧若拙」的句法自出新意，頗醒耳目。

大信何以若盲？對於基督徒的靈修歷程，聖經似無具體說明，如果儒家幫得上忙，「止於至善」可以作「大信」的注腳，以下的「定靜安慮得」可以給我們一個聯想鍊，「定」就是若盲，「靜」是靈性的澄明，「安」就是專心事奉，「慮」就是殷牧師所說的「理性為信仰服務」，最後的「得」就是終極救贖，就是得到「天國的福分」。

殷牧師提到「民無信不立」，我想孔子沒有把這

句話的本意清晰表達，後世政治家把「信」當作治民的權術謀略來運用，引人進入誤區。孔子在那段話裡堅決表示「信」比國防重要，比民生經濟重要，比個人生命重要，可見這個「信」居於至高的精神層次，有永恆的價值，可以給「大信」掛鉤。

作者說：「當某種情況或意念擴充至極限時，恰似回到原點，甚至退居末位或逆向，實際上達到了最正確、最充實、最完美的境界。」這話精采！如果基督教義對儒家思想的借重優於排斥，如果可以擱置排斥發展借重，《論語》中尚有一句「惟上智與下愚不移」，可以遙遙感應，上智和下愚有共同的表象，上智很像下愚，「大信若盲」又多了一票。

我說過，「信」並沒有你想像的那樣困難，舉個例，你不能等醫學院畢業再看感冒，到了診所，醫生叫你吃甚麼你就吃甚麼，叫你做甚麼你就做甚麼；你貸款買屋，律師拿出一疊文件，他教你這裡簽字、那裡簽字，你不假思索，不經推敲，立刻照辦；你學數學、學物理，那一條又一條的定理定律，哪一條是你自己的發明？你還不是一一死背、死記、死用、活用？你怎麼能相信圓心是沒有面積的，圓是沒有體積

的，線是有長度沒有寬度的？這種玄之又玄的說法，比「上帝是靈」何分上下？你我在醫院的診療室裡，在律師的事務所裡，在數學的課堂上，全都若盲、若愚、若孩、若奴，這樣我們才可以得到益處。為何面對生命的終極，我們自以為無所不知、無所不能？

說到理性，我相信「信仰是理性的休息」，而「休息是為了走更遠的路」，多少人是「山重水複疑無路」接受宗教信仰，因信而得以「柳暗花明又一村」。人類歷史的進程，好像是「休息、前進，休息、前進」的無數個交替，高級宗教並未使歷史文化停滯，只是蓄積了活力。今天是人類理性最高的時候，因之也是人類活得最辛苦忙碌而又找不到出路的時候，是否到了應該休息片刻的時候？

理性是信仰的敵人嗎？我想這方面有很多個案，有人「想了再信」，有人「信了再想」，有人不想就信了。「不想就信」那是「上帝特別的揀選」，如使徒保羅；普遍的現象是「想了再信」，如多馬。「信」之前可以有「疑」，疑是一種關切，一種興趣，一種好奇，一種考慮，有了「疑」就有「信」的可能。最壞的情況是從未想過，好像這個教那個教都

從來沒有發生過。

　　殷牧師是文學修養很高的傳道人，六十年代在臺灣即以清新的風格為文壇驚艷，對照當時沉重苦澀的文風，不啻陰霾中一線陽光。幾十年來他在文字事奉方面貢獻很大，對一位牧師而言，文學是他的兩難，文采與虔敬，人性與神性，現實與超自然，顧此失彼，差之毫釐。殷牧師能兼顧，能平衡，能互補，我們深深佩服，《大信若盲》正是又一次示範，又一次證明！

輯 1

論信心

大信若盲

大信若盲

老子云：「大器免成（按最近馬王堆出土文物《道德經》古本顯示，「大器晚成」原為「大器免成」），大音希聲，大象無形」（《道德經》第四十一章）；「大成若缺，大盈若沖，大直若屈，大巧若拙，大辯若訥」（《道德經》第四十五章）。蘇軾在〈賀歐陽少師致仕啟〉文中云：「大勇若怯，大智如愚」，都在表達當某種情況或意念擴展到極限時，恰似回到原點，甚至好像退居逆向與末位，但實際上卻是到達了一種最正確、最充實與最完滿的境界。

若循此思路來討論基督教的信心，我們也可以說「大信免信，大信若盲」，即信心要排除一切理性、經驗、知識、證據甚至意識，僅「盲目」地、無依無靠、無意識地接受基督為救主，好像沒有信心；這在一般人看來似為荒謬愚人，但卻是最大的信心。

信心主要分兩個層次：無意識的信心與有意識的信心。無意識的信心為最高層次，如亞當之初受造，神以泥土將他造成，並在他鼻孔裡吹了一口氣，亞當便成為有靈的活人（參創二7）。這一個神創造成的活人，立在神面前時需要用「信心」向神表示他對神

的立場嗎？當然不需要。他不須用意識信靠神、服從神；他與神的關係是天生與自然的，不必以「信心」表達，此之謂「大信免信」與「大信無識」。

　　所謂「信」，是未信或不信者才要「信」，人在犯罪前不用「信」神，人犯罪之後與神的關係被罪破壞，須重新建立，才要用「信心」來修補。「主耶和華以色列的聖者曾如此說：你們得救在乎歸回安息；你們得力在乎平靜安穩。」（賽三十15）此「歸回」便是要回復犯罪前的狀態，要先認罪悔改才能信、才可得救，此即有意識之信。

嬰兒之信

　　主在門徒爭論誰為大時，為門徒立下了一個信心楷模：

當時，門徒進前來，問耶穌說：「天國裏誰是最大的？」耶穌便叫一個小孩子來，使他站在他們當中，說：「我實在告訴你們，你們若不回轉，變成小孩子的樣式，斷不得進

天國。所以，凡自己謙卑像這小孩子的，他
在天國裏就是最大的。」

──太十八1-4

　　基督在這裡雖沒有直接論到信心，卻斬釘截鐵
地表示人若不回轉成為小孩子的樣式，斷不能進天
國；人如進不了天國，還需要「信心」嗎？基督的言
下之意為小孩子的信心才是最高層次的信心（完全排
除人的經驗與理性）。嬰兒尚未建立意識，雖有「原
罪」，但其「本罪」（與意識、理性、經驗及知識一
同增長）尚未出現，故不須認罪與悔改，與亞當犯罪
之前狀況相似，信賴與交託為與生俱來之本能，亦可
謂之大信。

　　亞伯拉罕年近百齡，卻還能保有稚子之心
（信），實在難得。耶穌基督來到世界上，呼籲人要
悔改信福音（參可一15），此時世人已進入有意識之
信心狀態。〈希伯來書〉有關於信心的正面解釋為：
「信就是所望之事的實底，是未見之事的確據。」
（來十一1）有意識之信是進入證據的層次，這是一
個比較低的層面；論到證據，便需要到經驗與實證中

去找信心，但〈希伯來書〉強調的是不憑眼見的證據，才可稱為信，若凡事都有眼見的證據，便不需要信了。

實證的信心

舊約裡有一個用證據來證實信心之十分著名的例子：士師基甸。基甸奉神命拯救以色列人脫離米甸人之手，但基甸自以為十分卑微，無力擔此重任，他對耶和華上帝說：

> 「主啊，我有何能拯救以色列人呢？我家在瑪拿西支派中是至貧窮的。我在我父家是至微小的。」耶和華對他說：「我與你同在，你就必擊打米甸人，如擊打一人一樣。」基甸說：「我若在你眼前蒙恩，求你給我一個證據，使我知道與我說話的就是主。」
>
> ——士六15-17

耶和華神應允基甸的請求，給了他一個證據，就是基甸反覆要求羊毛乾濕的證據：

基甸對神說：「你若果照著所說的話，藉我手拯救以色列人，我就把一團羊毛放在禾場上：若單是羊毛上有露水，別的地方都是乾的，我就知道你必照著所說的話，藉我手拯救以色列人。」

次日早晨基甸起來，見果然是這樣；將羊毛擠一擠，從羊毛中擰出滿盆的露水來。基甸又對神說：「求你不要向我發怒，我再說這一次：讓我將羊毛再試一次。但願羊毛是乾的，別的地方都有露水。」這夜神也如此行：獨羊毛上是乾的，別的地方都有露水。

——士六36-40

此為舊約中人要求神以神蹟顯示證據的獨特案例；此事說明人的信心軟弱，古今皆然。這種信心已淪為眼見的信心，恰恰違反了希伯來書第十一章所講的「信是未見之事的確據」。但這是舊約中一個特殊案例，是神要使用基甸救以色列人，基甸要求神給他執行任務的能力，與初信之信有別。

論到眼見信心的證據，新約中最顯著的例子便是
多馬：

那十二個門徒中，有稱為低土馬的多馬；耶
穌來的時候，他沒有和他們同在。那些門徒
就對他說：「我們已經看見主了。」多馬卻
說：「我非看見他手上的釘痕，用指頭探入那
釘痕，又用手探入他的肋旁，我總不信。」

過了八日，門徒又在屋裏，多馬也和他們同
在，門都關了。耶穌來，站在當中說：「願
你們平安！」就對多馬說：「伸過你的指頭
來，摸（原文是看）我的手；伸出你的手
來，探入我的肋旁。不要疑惑，總要信！」
多馬說：「我的主！我的神！」耶穌對他
說：「你因看見了我才信；那沒有看見就信
的有福了。」

——約二十24-29

多馬不但要眼見，還要以手觸摸，要用人的感官證實主的復活，他才能信；多馬應為一切最軟弱信心之人的代表。約翰循此，向這類信心軟弱的人作見證說：

> 論到從起初原有的生命之道，就是我們所聽見、所看見、親眼看過、親手摸過的。（這生命已經顯現出來，我們也看見過，現在又作見證，將原與父同在、且顯現與我們那永遠的生命傳給你們。）我們將所看見、所聽見的傳給你們。
>
> ——約壹一1-3

但這種眼見的證據就能使所有人都相信嗎？可惜答案是否。耶穌曾使死去四天的拉撒路由死裡復活，當時有不少人信了（參約十一45，十二11）但祭司長卻要將拉撒路殺了滅口，以銷毀拉撒路死而復活的證據（參約十二10）。這樣眼見的證據對人的信心有幫助嗎？因此，當猶太人要求耶穌由天上顯神蹟給他們看時，便為主所拒絕（參太十六1-4）。

基督教是形而上（metaphysics）的心靈信仰，人如一昧在眼見的證據中找信心，根本是一條錯誤的死路；「有一分證據說一分話」（胡適語），是形而下的「考據學」，完全不適用於宗教。記得曾有人印過一份單張「科學家信神的七大理由」，列舉一些由實驗室中找到可以信神的理由；但神並不受限於實驗室中，因此這實在是最低層次的信心。所有偉大科學家如牛頓、愛因斯坦等人的信仰，都非根據科學，而是基於最基本的嬰兒之信。科學界信奉多年的「相對論」不是也已破局了嗎？人在科學中是無法找到永恆的真理的。

單純的信心是大信

基督在世傳道時揀選跟從祂的人，多為無知小民（參徒四13），祂從來沒有向門徒講授複雜的神學觀念；對於神的誡命與律法，祂有清楚明確的解釋（馬太福音五章），不須透過邏輯思維便可了解神的誡命，只要遵守奉行便可，不須為其找理由與注腳，也不須透過人理念的了解與評估，更不須要在人已有的

經驗裡認同，只要單純地接受。主講述天國福音所使用的比喻，皆由大自然與現實的生活中取材，從不用抽象觀念，祂甚至表示：

> 父啊，天地的主，我感謝你！因為你將這些事向聰明通達人就藏起來，向嬰孩就顯出來。父啊！是的，因為你的美意本是如此。
>
> ——路十21

世上的「聰明通達人」所通達的是人情世故、經驗法則、邏輯理念、複雜而變化的思維，但對天國的事卻一無所知，反不如嬰孩。

老子在《道德經》講述許多虛無縹緲的玄妙之言，卻忽然慨嘆說：「能嬰兒乎？」（《道德經》第十章），哲人也嚮往嬰孩之混沌純樸的心境；無思維、無觀念、無欲求，只對天父完全信賴，才是真正的信心。單純的信心是神所喜悅的。

〈希伯來書〉告訴我們：「信就是所望之事的實底，是未見之事的確據」（十一1），顯示人的信心首先要排除眼睛的障礙，通常人是要憑眼見相信，才

為真實，眼睛不能看見的便無法相信，眼、耳、鼻、舌、身、意，就是人肉體的感官功能，人若只能憑藉這些功能建立信心，其範圍便落入狹隘，這種靠官能建構之聰明通達人的信心，實不如在肉身的官能尚未成熟之前，便能產生與生俱來信心的嬰兒。

像嬰兒如此單純完美的信心，在發育為成人之後，也不盡然會完全消失，聖經中亞伯拉罕的信心，便十分接近嬰兒單純的信心。當神呼召他由迦勒底的吾珥——一個當時繁華興盛的大城，去到幾乎是蠻荒的迦南應許之地時，他毫不考慮地便接受召命，立刻上路；所有的理性、經驗都不在他的考慮中，對他來說，神的應許才是一切（直到他離世時，都未看到這個應許成就）。而當神要他將神給他作為應許要承受產業的愛子以撒獻在祭壇上作為燔祭時（殺後在壇上焚燒為祭），亞伯拉罕也毫不猶豫地帶著兒子上山，並將以撒捆綁置於獻祭的壇上；在亞伯拉罕正揮刀斬下時，神才及時阻止。這種信心的試煉，早已遠超過伊甸園中的亞當。

亞伯拉罕知道神要他將以撒獻為燔祭時，並不問理由（排除理性），也不向神訴說他對兒子的不捨之

情（排除情感），更不問他以後要如何傳宗接代（排除經驗）；這種信心根本是「盲從」，卻正是嬰兒赤子之信。當然，這種信心世上無雙，絕無僅有，應為人類古今中的一個例外，但卻為吾人的信心典範。我們稱亞伯拉罕為「信心之父」，不就是看重他這種超越一切的信心嗎？這種信心可謂「大信」。

人的智商與理解力無論有多高，都有其極限。在各個領域中（包括神學）都有一定的限制，皆無法突破這種瓶頸；而神作為創造者，卻是無限。昔莊子便有自知之明，他慨言：「吾生也有涯，而知也無涯。」（《莊子》〈養生主〉第一段），人的理性智慧都在創造者的限制之內，所以即使是神學家根據聖經啟示所整理出來的理論體系，也不能講得太滿，更不能取代聖經作為信仰的標準。

信徒們要了解這些理論也都會造成負擔，正如同猶太教的經師拉比們所整理詮釋的摩西誡命與律例典章著作的兩部大法典（《他勒目》（*Talmud*）與《米示拿》（*Mishna*），並未能解決人們對律法之踐履，反而增加了難度，並有所誤導。今天教會中許多難以計數的神學作品與聖經註釋，是否會為信徒帶來相同

的困擾，有待評估。

盲信的使徒保羅

　　若要在聖經中找一位盲信歸主者，就是使徒保羅。保羅在信主之前本名掃羅，這名字不禁使人想起他的遠祖掃羅王，他們同屬便雅憫支派。他原自恃為法利賽人，也自義並迫害教會；出自大哲迦瑪烈門下，應為一位理性信仰的代表，但後來在大馬色遇見主，在神的真光照耀下，立刻眼瞎成為盲人。他後來作見證說：

> 我先前以為與我有益的，我現在因基督都當
> 作有損的。不但如此，我也將萬事當作有損
> 的，因我以認識我主基督耶穌為至寶。
>
> ——腓三7-8

　　所以掃羅在更名為保羅之前是一位盲者，他以往所有理性的信仰都於他無益；在真光照耀之下全都瞎了，直到信主之後才獲得新生，更名保羅，傳揚福

音。足見保羅對瞎眼的經歷印象十分深刻。保羅在理性信仰中瞎眼，卻由「盲」信而獲重生（參徒九1-18）。

理性的信心（清楚冷）

　　現代各教會有一種普遍現象：一些菁英型知識分子基督徒對聖經道理十分熟悉，對教會功能也知之甚稔，但對教會各種事工則不很熱心；另外一些年長，未受過高等教育的信徒（多為婦女）反比較熱心，無論對奉獻、差傳等事工的支持，多半高於知識型的信徒；所以便產生所謂「清楚冷與糊塗熱」現象。因為後者多半都信心單純，對教義神學僅具粗淺認知，只認定要事奉所信的主，在各種服事上盡忠心而已；相對前者來說，菁英們十分清楚聖經教義，但對教會的服事反缺乏熱忱，這兩種人誰最有資格進入天國呢？當然是後者，基督便曾多次回答了這個問題（參太十一12，七21-23，廿五1；啟十二25）。

　　其實，最低層次的信心還不是多馬式的，而是人要透過有限智慧與邏輯產生的「信心」；深夜來向

耶穌問道，以及試著想理解重生的尼哥德慕庶及近之（參約三1-15）。人要透過理性來建構了解聖經真理，幾乎是緣木求魚，絕對是一條死胡同，因為人所具有的理智根本無法解構創造主與聖經真理。基督教絕對不是論理，人一進入理性思維，信仰便走了樣。所以熟悉希臘哲學的保羅，便直截了當地表示：

> 弟兄們，從前我到你們那裏去，並沒有用高言大智對你們宣傳神的奧祕。因為我曾定了主意，在你們中間不知道別的，只知道耶穌基督並他釘十字架。
>
> ——林前二1-2

又說：

> 我說的話、講的道，不是用智慧委婉的言語，乃是用聖靈和大能的明證，叫你們的信不在乎人的智慧，只在乎神的大能。
>
> ——林前二4-5

人如經由智慧委婉的語言與理性邏輯思考所建構的信仰基礎，是立根基於沙土上，遇到雨淋、風吹、水沖，「房子」便會倒塌（參太七27），是最不穩固的信心基礎，也是信仰中的最低層次。

教會能完全排除理性的信心嗎？當然不能。當初羅馬教廷便利用信徒的糊塗熱，定出種種荒謬的教規，要信徒完全服從，如販賣「贖罪券」便為一例。所以馬丁路德等改教大師才挺身而起，掀起改教風雲，排除錯誤教義，使信仰導入正軌。這些改教大師都為理性信心代表，他們的著述浩瀚如海，實為基督教的理性信心、改教運動的濫觴。

神學界俊彥輩出，各領風騷，如加爾文（John Calvin, 1509-1564）、慈運理（Ulrich Zwingli, 1484-1531）、馬丁路德（Martin Luther, 1483-1546）、墨蘭頓（Philip Melanchthon 1497-1560）等人對信仰教義均有大量著墨，著作極多，無法一一列舉，僅將馬丁路德對信心之主要論述，及加爾文注重的神學重點略加介紹。馬丁路德主要對信心的教義是「因信稱義，賴恩得救」，其神學思想中關於信心之闡釋，為普世大多數教會所接受，

是知識分子以理性為基礎的信心代表。

理性信心的五個唯獨

關於信心的內涵，馬丁路德舉出四個唯獨：「唯獨聖經」、「唯獨恩典」、「唯獨信心」與「唯獨基督」。此外，還有加爾文的「唯獨榮耀」等五個「唯獨」。如同信心的五根支柱，扶持著「因信稱義」的教義，路德與加爾文等提倡改教迄今歷數百年，這五根支柱屹立不搖。分別簡介如下：

唯獨聖經（Scripture alone）

為路德確定信仰的中心思想。因當時羅馬教會將傳統大公會議決議案，及教皇諭旨與聖經同列，認為有同等權威，因而導致信仰的分歧與混亂。路德起而堅持新舊約聖經為唯一信仰依據，其餘言論與傳統皆不能與新舊約聖經置於同等地位。此為路德在1521年沃木斯會議（Diet of Norms）時，雖面對皇帝諸侯及宗教代表等巨大壓力下，採寧死不屈的堅定立場，成

為其信仰中最堅固的房角石。路德籲請當時信徒不可盲目服從教會權威，而應堅持唯獨聖經的信仰立場。

唯獨恩典（Grace alone）

路德主張人罪得以赦免，完全是上帝的恩典，既非人之功勞，亦非與神合作之結果。路德完全聚焦於基督自己；基督之降生、受苦、被釘十架、死亡、復活與升天，全為上帝愛罪人的說明，這一切皆出於上帝的旨意，完全是神的憐憫與恩典（參弗二4-9）。

唯獨基督（Christ alone）

神所賜下的一切恩典與真理，都是藉著耶穌基督而來，一般人可以承認基督為偉人、先知（連猶太教與回教徒也承認），但皆非關鍵；只有承認並接受基督為人類唯一的救主，人才可以得救。因基督教就是「基督」，基督為唯一信仰的對象、恩典內涵與福音主旨，除祂以外，別無拯救，基督自己說：「我就是道路、真理、生命；若不藉著我，沒有人能到父那裏去。」（約十四6）

唯獨信心（Faith alone）

　　唯獨信心是路德四個唯獨中十分重要的思想，因為這是唯一說明人與上帝的關係。人無法靠理性思考認識上帝；人雖有智慧可以認識大自然的許多奧祕，卻無法憑理性認識上帝。

　　人所具有之知識情感與意志，對認識上帝都無幫助，唯有聖靈藉著上帝的道在人心中產生的信心，才能建立與神的正常關係；甚至連信心也非出於人自己的主動，是全然靠上帝的作為。而相信上帝就是歸屬祂、降服祂，此之謂信心。路德的「唯獨信心」恰恰成了「大信若盲」、「大信免信」與「大信無識」的註腳。

唯獨榮耀（*Soli Deo Gloria*，為加爾文的重要主張）

　　除了以上四個唯獨之外，還有第五個「唯獨榮耀」，主要是根據加爾文的神學思想，加爾文要求信徒完全拋棄自我，將自己完全獻給上帝，將一切榮耀完全歸於上帝。馬丁路德也同樣主張上帝的主權和聖

經的權威，教會應順服在上帝的主權之下。這是教會改革運動所表現的最具特色信仰，就是將一切榮耀唯獨歸給上帝。

　　以上我們大致了解改教運動中所產生的五個唯獨理論，而創造這種思維者皆為教會中之菁英知識分子，均可稱為大師。今天信徒要完全了解他們的思想，並非易事；而一般信徒，能否領會這些教義內涵，也很難說。

　　但我們感謝上帝賜給我們這些神學家，為我們釐清信仰上的一些困惑，並將信徒的信仰導入正軌。這些菁英人物神學家們，都是神特別揀選，具有特殊恩賜的才能之士。在普世信徒中，具極高的造詣與智慧，都為「五千」的領受者（參太廿五14-30），遠超過一般人的「一千」，非常人可望其項背。

為救恩「保全」

　　這些神學思想家由聖經中所發掘整理出的系統神學思想，並由此而發展出的「信條學」與「教義神

學」等不同教義，也因而拓展出許多宗派與各類型式的教會，與獨特的「信仰」模式，並均有堅持；這些教會彼此間有時會相互排斥，甚至相互攻訐，乃至互斥對方為「異端」，造成信徒的困惑。

許多無辜的信徒，由於教會對信仰或崇拜儀式之些微差異，掙扎擺盪在「得救」與「未得救」之間，不知所措。基督向門徒宣示：「信而受洗的，必然得救；不信的，必被定罪。」（可十六16）但也有所謂的三段得救論，即按得救的時態可分為「即將得救」、「正在得救」與「已經得救」；「得救者」究竟處在哪個時態中，要弄明白，並非易事。各教會雖都信奉一本聖經，卻各自堅持對聖經真理的解釋。大家雖都忠於聖經真理，也都能體會神愛世人的天心，以及基督的大使命，但仍覺得未能「盡美盡善」；因此才要小心翼翼地為上帝設計安全而嚴謹的「輔助規則」，為「救恩」把關，以策救恩之安全。

基督教之改教，不就是要將教會錯誤的教義導正嗎？所以便要特別注意教義之「正確性」，才為得救上天堂的保證，如像舊教信徒的一味盲信，只在聖堂中領受聖體，或隔三岔五去向神甫告解，能得救嗎？

因此教義必須「正確」與「嚴謹」，除正式宣告的教條以外，還要再加上自家的「潛規則」以補強信條之不足，才能更「正確」地維護「真理」。

其實，更正教也與舊教差不多，只有神學家與教會領袖才擁有「正確」聖經信仰的解釋權，一般平信徒只能接受，要完全了解並非易事，因為神學與教義深奧難懂，平信徒只有「信」的份。若想要理解，那便要去讀許多神學書，但最好是到神學院去修習為平信徒開設的培訓班；如能修一個學位，便甚麼教義都能「懂」了。但唸過神學院以後，便都會懂了嗎？會懂一些，但也許會更不懂；因為神學是深奧的理論，並非人人都能懂得。最好的辦法還是不求甚解，而只是「信」。有一件事，十分明確，那便是要了解聖經真理與教義，必須靠理性，要秉恃思維、理念與知識才行；知識是明白信仰的「必須」途徑，有了知識與正常的理解力，才可以「明白」聖經真理。

一個人若略識之無，或者根本是文盲，便很難了解正確的信仰；即使「信」，也為一種「弱信」（不健全的信）。而僅具這種「弱信」或「盲信」的信徒，能夠得救上天堂嗎？這是十分令人擔心的事。一

個信徒若不去理解真正的信心，只是糊里糊塗地信，日子也能過；若要深究信心這門課程，要徹底弄「明白」，還真不容易。

就改教大師馬丁路德的神學來說，《路德全集》為厚厚的十六開五十二大本，若譯為中文，字數上億，對老年人與弱智者，更難上加難，即便弄「明白」了，也非真「明白」；因為路德神學中，還有所謂「幽暗意識」，一般人能明白嗎？路德的罪觀中，有所謂罪之「廣泛性」、「徹底性」、「根源性」與「頑固性」，他告訴人憑自己的意志，根本沒有選擇得救的能力，因人的意志已經被撒但所擄（參《意志被擄》），這樣在佈道特會上的呼召與決志還有用嗎？

有，但要靠聖靈的感動，單憑藉自己的意志無法作出正確選擇。而一旦成了基督徒，不是已「因信稱義」了嗎？事實卻又不然，根據路德的教義，人在「本質」上仍是罪人，但在「地位」上，卻是義人。而「甚麼是本質」、「甚麼是地位」一般人便弄不大懂了，最後只能靠時時刻刻認罪，人才可以得救。

這樣迂迴、隱諱、幽暗的信仰意識，豈是一般平

信徒所能了解的。

初信者不必服用維他命丸

〈三大信經〉、〈五個唯獨〉、〈奧斯堡信條〉、〈協同書〉……等等信經與信條學，這些巨著都是硬得不得了的乾糧，要具備靈性的鐵齒鋼牙才能咬得動；初信之人猶如嬰兒之無齒或幼齒，如何能吞食這類乾糧？只有靈奶才適合初信者的胃口（參林前三2；彼前二2），信徒成長以後才可以吃乾糧。

其實，神學中的這些信條與教義，多半是由聖經精製萃取出來的食品，是由聖經提煉出來的精華，由A到Z的各式維生素與維他命丸，或由各教派特製的丹藥，各教派信徒必須照本門祕方抓藥，定時服用，信心才會「正確」，得救才有「保障」。初信者實在無法消化。

按正常人的飲食，吃家常便飯就好，信徒只要每天讀經禱告，便能攝取足夠的靈性營養，不需要吃維他命丸，或者高劑量的特製補品；補品服多了，或亂服都會出現靈性健康問題，對信徒有害無益。

大信若盲

信心不需要理性

科學、哲學、倫理學、邏輯學……等等都是要靠知識與理性，才能通曉的學問，是否有必要拿來過濾人的信仰，應是個十分棘手而費解的難題。

首先，宗教是超越這一切的，是「形而上」的，人以這類思維雖可以了解宗教信仰的某些部分，但非全部。因為信心基本上是否定理性的，由理性所詮釋的信仰，有時會似是而非，因為多半會圈於人自己所營造的框架而脫不出來，最後真正的信仰反而失落了，失落在自我設定的黑洞裡。宗教只是單純的信心，即「盲目」（非理性）的信心，人要倚賴理性與知識去探索信仰內涵，或可略窺一二，但卻不能靠理性建構信心，因這是背道而馳。

儒家之信心非基督教之信
信心不能無限上綱

中國儒家論信，與聖經中的信幾乎完全不同，儒家的信是道德方面的論述，如「民無信不立」（《論

語·顏淵》）、「人而無信，不知其可也。」（《論語·為政》）所講的信是信用、信譽、信德等，不是相信神的信。雖有所謂「信神如神在」，但將自己作為主體。神反成為客體，以人為主，人要相信，神才存在；人不信神，神便不存在。這種反賓為主的信仰，根本不是宗教信仰。

信是以神為主，信者是依附於神，反之便無所謂信仰。使徒保羅有進一步的說明：

> 我若有先知講道之能，也明白各樣的奧祕，各樣的知識，而且有全備的信，叫我能夠移山，卻沒有愛，我就算不得甚麼。
>
> ——林前十三2

最後他總結「愛章」：

> 如今常存的有信，有望，有愛這三樣，其中最大的是愛。
>
> ——林前十三13

保羅在「愛的頌歌」中重愛輕信，十分明顯。因為保羅在這裡講的「愛」（*Agape*）就是基督自己，信與望的終極對象是基督，信與望僅為一種過程及與基督之關係，因此信心本身不能強調，不應誇大解讀與無限上綱，少了基督，信心便歸於無有。

理性是信前的死路卻為信後的生路

　　人一鑽進理性信仰中，便等於走進了一條死巷子，因人絕對無法先明白神再信神，人的知識與智慧都極有限，莊子已表明：「人生有涯，知識無涯」，孔子則說：「未知生，焉知死」，都為老實話。人要靠理性信神是緣木求魚，人只有「悔改」（回轉成嬰兒）才能信福音（參可一15）。

　　深夜求問耶穌的尼哥德慕便是一個以理性向基督問道的知識分子，主告訴他：「人若不重生（回轉成為嬰兒），就不能見神的國。」（約三3）此話徹底否定了由知識與理性信神的途徑。人只有「盲目」地接受基督救恩，而後再由聖靈引導，才可能明白神的一切奧祕。「知所先後，則近『信』矣」。

人雖無法經由理性信神，但在接受神救恩之後，聖靈卻能引導人的理性對信仰作出貢獻。以馬丁路德等人為例，他在得救之前，歷經理性、思辨，甚至自虐與由意識中產生出的虔誠，均未得到救恩；但在聖靈光照下，便能豁然開朗，頓悟出「因信稱義」的道理，重生之後便能蒙聖靈引導，成就改教及神學上的大業。

大使命與大信

基督在最後為門徒頒布的大使命是：

你們要去，使萬民作我的門徒，奉父、子、聖靈的名給他們施洗。凡我所吩咐你們的，都教訓他們遵守，我就常與你們同在，直到世界的末了。

——太廿八19-20

當今世界的萬民有多少呢？根據聯合國2007年的統計，全球約有六十至七十億人口，其中約有五十億

人口，尚未接觸福音；而這些萬民為基督徒傳福音的對象，與教會的未得之地。在全球約七十億人口中，有百分之十六即約十一億人口為文盲，多半都集中在亞、非地區，這些不識字的人口中，又多為婦孺、殘障、弱智與貧困者，都是最弱勢、困苦流離的一群，亦為主耶穌最關切憐憫的對象（參太九36），所以傳福音不能不考慮這些人的信心接受度。

另一項統計顯示，全球宗教人口中增長較快的為回教（隨人口的增加自然增長），但近年來基督復原教的人口卻略有減少，但天主教人口反有增加。2007年全球天主教徒約十一億，復原教各宗派的總合尚不足十億（包括各主流教派、各獨立教會、聖公會及東正教會等），而基督復原教近年來都在努力宣教，華人的教會尤注重差傳事工；以台灣為例，各種「特會」不斷在南北召開，卻從不聞天主教會開甚麼「特會」，但天主教會的人數反有上升之勢，不知他山之石是否可以攻錯。

教會的宣教政策與執著各有千秋，復原教由十六世紀改教以後，宗派林立，幾乎每天可以增加一個新的獨立教會，永遠沒有正確的統計；而在諸多教會之

中，教義之分歧複雜，各具特色，各擅勝場，分別執著聖經中某些真理。在一主、一信、一洗（浸）與一本聖經之外，雖大多數教會皆認同歷史上的三大信經（「尼西亞信經」、「亞他那修信經」與「使徒信經」），但各個獨立宗派與教會都另有其教條與教義，更各有自家的潛規則，門戶之見森然。這些教義與信條也都或多或少、若隱若顯地出現在宣教政策上；是否影響宣教效果，有待進一步探討與評估。

先受洗（浸）再學道，
抑先學道後受洗（浸）

　　傳統的宗派教會在人們決志信主之後，要先參加「學道班」。以往最長有兩年之久，最短也要六個月學習，再經甄試合格（完全合於該教會教義）才可受洗，這對教會增長有否影響，也待研究。

　　記得五十年代，台灣有一個地方教會增長神速，他們幾乎每天都開佈道會（當時尚無「特會」之稱），信徒們在教會附近的每一街口都設立崗哨努力拉行人進會場聽道；而佈道會結束後，凡接受呼召

者，立刻為他們施浸。這種方式多為傳統教會所詬病，但這個教會的興旺卻為事實。教會應否讓接受救恩呼召的人立刻受洗（浸），有相當的爭議。

保羅曾為禁卒全家在受感後立刻為其受洗（浸），保羅與西拉對他們說「當信主耶穌，你和你一家都必得救」（徒十六31）的話，我們都言猶在耳；當腓力傳道與衣索匹亞太監，在他相信之後，也立刻為他施洗（徒八26-39）。此都為打鐵趁熱的先例。

教會可否將「學道班」排在信徒受洗（浸）之後舉行，似乎也是一個可以討論的議題，因畢竟學習聖經道理為一生的課業，半年與兩年都嫌太少。

這裡出現一個關鍵問題，不信的人要先學道，等明白了才信與受洗（浸）；或是在受感接受耶穌基督為救主後，便立刻施洗（浸），教會應該深思。基督的大使命是要萬人得救，不願一人沉淪。在舉世萬人中，有百分之十六為不識字的弱勢族群，如都要透過知識與理性宣導，此類人便永無機會得救信主。而基督注重的信心是稚子無偽之信，也就是信心層級中的大信。故呼籲各教會在對外宣教時，宜著眼於大信

宜；亦即「無識之盲信」，不要先找到相信的理由才信；宜用最簡單的福音，只講耶穌為世人釘十字架捨命便能領人信主。

神學家與釋經家都沒有用了嗎？當然有用。但在對外宣教時，應先收起教義與教條，因為初信的人還無法了解，難以接受，徒增他們的困惑，反阻礙了基督大使命的落實。將魚收進網中後，先讓他們受洗（浸）成為信徒，然後再將神學家的教義與自家的門規搬出來，細心調教，文火慢煲也不遲。

人的理性完全被排除在信心之外了嗎？當然不是。人在接受了基督為救主之後，在聖靈的引導下，人的理性、知識與恩賜皆可為主所用。歷史上所有著名神學家最初都不是由理性建立信心，皆為單純稚子之信。

以保羅為例，大馬色路上的目盲經驗與震撼，就是讓他由一個哲學家變成稚子之信的寶貴經驗。終其一生，保羅都堅持一個信念：「不知道別的，只知道耶穌基督並他釘十字架」（林前二2），正可以作為本文的結論。

大智若愚

蘇軾在〈賀歐陽少師致仕啟〉文中提到「大勇若怯，大智如愚」，此言可媲美老子的「大巧若拙，大辯若訥」，皆能發人深省。

上帝為全知全能，無所不知、無所不能的神，保羅在〈哥林多前書〉第一、二章中深入探討了上帝的能力與智慧，及人的軟弱與無知，對於初信者之信仰奠基十分重要。讓我們先讀他寫給這些自以為有智慧的希臘信徒語重心長的信息：

> 因為十字架的道理，在那滅亡的人為「愚拙」，在我們得救的人卻為上帝的大能。如經上所記，我要滅絕「智慧人」的「智慧」、廢棄「聰明人」的「聰明」。

> 「智慧」人在哪裏，文士在哪裏。這世上的辯士在哪裏。上帝豈不是叫這世上的「智慧」變成愚拙麼。世人憑自己的「智慧」既不認識上帝，上帝就樂意用人所當作「愚拙」的道理，拯救那些信的人，這就是上帝的智慧了。

猶太人是要神蹟，希臘人是求「智慧」。我們卻是傳釘十字架的基督，在猶太人為絆腳石，在外邦人為「愚拙」，但在那蒙召的，無論是猶太人、希臘人，基督總為上帝的能力，上帝的智慧。因上帝的愚拙總比人智慧，上帝的軟弱，總比人強壯。

弟兄們哪，可見你們蒙召的，按著肉體有智慧的不多，有能力的不多，有尊貴的也不多，上帝卻揀選了世上愚拙的，叫有「智慧」的羞愧，又揀選了世上軟弱的，叫那「強壯」的羞愧，上帝也揀選了世上卑賤的，被人厭惡的，以及那無有的，為要廢掉那「有」的，使一切有血氣的，在上帝面前一個也不能自誇。

但你們得在基督耶穌裏，是本乎上帝，上帝又使他成為我們的智慧、公義、聖潔、救贖，如經上所記「誇口的當指著主誇口」。

弟兄們，從前我到你們那裏去，並沒有用高言大智對你們宣傳上帝的奧祕。因為我曾定了主意，在你們中間不知道別的，只知道耶穌基督，並他釘十字架。我在你們那裏，又軟弱、又懼怕、又甚戰兢。我說的話講的道，不是用「智慧」委婉的言語，乃是用聖靈和大能的明證，叫你們的信不在乎人的「智慧」，只在乎上帝的大能。

然而在完全的人中，我們也講智慧，但不是這世上的「智慧」，也不是這世上有權有位將要敗亡之人的「智慧」，我們講的，乃是從前所隱藏，上帝奧祕的智慧，就是上帝在萬世以前，預定使我們得榮耀的，這智慧世上有權有位的人沒有一個知道的，他們若知道，就不把榮耀的主釘在十字架上了，如經上所記，「上帝為愛他的人所豫備的，是眼睛未曾看見、耳朵未曾聽見、人心也未曾想到的。」

只有上帝藉著聖靈向我們顯明了，因為聖靈參透萬事，就是上帝深奧的事也參透了。除了在人裏頭的靈，誰知道人的事，像這樣，除了上帝的靈，也沒有人知道上帝的事。

我們所領受的，並不是世上的靈，乃是從上帝來的靈，叫我們能知道上帝開恩賜給我們的事。並且我們講說這些事不是用人「智慧」所指教的言語，乃是用聖靈所指教的言語，將屬靈的話，解釋屬靈的事。

然而屬血氣的人不會領會上帝聖靈的事，反倒以為「愚拙」，並且不能知道。因為這些事惟有屬靈的人才能看透。屬靈的人能看透萬事，卻沒有一人能看透了他，誰曾知道主的心，去教導他呢？但我們是有基督的心了。

——林前一18～二16

要聰明或糊塗？

清朝大書法家鄭板橋所留傳的書法中，有「難得糊塗」這幾個字。在大陸開放初期，我到中國旅行時，十分震驚地發現，幾乎全國都為鄭燮這幅字覆蓋了，各地大大小小的書店中，壁上都貼著鄭氏的「難得糊塗」，這應該表示它有很好的銷路。或許是當時的人都要學鄭氏的處世哲學，才好過日子。

基督徒到底是要聰明（智慧），還是要糊塗（愚拙）？我們且看保羅如何作出他的界說、分析並定調。

保羅這段經文的主旨是要顛覆世人對智慧（聰明）與愚拙（糊塗）的傳統錯誤觀念，為人類另闢一條正確的救恩途徑（即所謂保羅的「十字架神學」）。

馬太福音二十五章告訴我們，人之聰明才智皆來自神的恩賜（參太廿五14-30，主按才幹授責任的比喻）；人生下來有多少聰明智慧，神早已決定，人各自盡上自己的責任便會得到相同的獎賞。但人若得到的才能多一點（不論二千或五千），而自恃為「聰

明」，這樣便會成為真正的愚拙，即所謂「聰明反被聰明誤」；這些自作聰明的人，定為神所棄絕：「就如經上所說，我要滅絕智慧人的智慧，廢棄聰明人的聰明。」（林前一19）主曾嘆息說：「因為你將這些事，向聰明通達人就藏起來，向嬰孩就顯出來。」（太十一25）人因為自恃「聰明」，用這些小聰明與假聰明，弄瞎了人的眼睛，使這種人看不到神真正的智慧；但那些不具「聰明」的嬰兒，反能以單純的信心眼睛，看見神的智慧。

基督曾講過「十童女的比喻」（太廿五1-13），其中有五個假聰明的童女，有燈卻不備油，因為她們自恃小聰明，以為新郎「必來得遲」，不必傻傻地死等；這等人習於抓空子，猜時間，結果卻被擯棄於門外。另外五個備好油、擎著燈在傻等，看似愚笨，最後卻能等到新郎；她們看似愚拙，卻為真正的大智慧。

智者不惑

保羅當時所處的希臘社會，是一個充斥哲學與人

文薈萃的社會，一不小心便會陷入哲學詭辯的旋渦泥淖中而使人益發迷惑，所以保羅向這些人傳福音特別困難，也十分戒懼，他說：「我在你們那裡又軟弱、又懼怕、又甚戰兢」，所以他步步為營，講道絕不用智慧委婉的言語，而是用聖靈與大能的明證。他抱定決心，只講「耶穌並祂釘十字架」，因這才是福音的本質與中心。保羅立下的典範，頗可以作為今天我們向知識分子傳福音的借鏡。

其實保羅也不是不講智慧，他說在完全人（應是已悔改得救接受基督為救主的人）中也講智慧，但這不是這世上有權有位、將要敗亡之人的「智慧」，而是從前所隱藏上帝奧祕的智慧。這種智慧是世上握有權勢者（如科學知識界的權威人士）所無法知道的，這才是所謂「智者不惑」（不為假知識權威所惑）。

保羅也回頭檢討這些看似愚昧，卻為大智者的情況，說這群蒙召者，其實按著肉體（人的觀點）來說，都沒有甚麼了不起，但神卻揀選了這些為世人看為無用的人，去執行神的使命。

基督的十二位使徒皆為沒有學問的小民（大陸的說法應為「沒有文化」的人），使人無法自認可憑

大信若盲

一己之能便可竊奪神的權能與榮耀。保羅應為唯一的例外，他為哲學家、是高級知識分子，但卻能為神所用。他多次表明要揚棄世上這些虛無的「智慧」，只高舉十字架，他在經過大馬色呼召後，早已視萬事為糞土，以得耶穌基督為至寶（參腓三8）。這對今天在教會中行走傳道的人，或自動或被動，動不動要炫耀學位，應視為一種警惕。

　　神揀選了愚拙的，豈只是要叫「有智慧」的人羞愧？跟從主傳福音的人看似愚拙，卻是大智大慧。看來古人所說「大智若愚」這句話，還是有其一定的道理。

大信若盲

大音希聲

老子云：「大音希聲」（《道德經》四十一章），晉王弼注解：「聽之不聞名曰希，不可得聞之『音』也。……故有聲者非『大音』也。」是說「音」（信息）不在大聲中。今天你打開電視或收音機，立刻會爆出大量的聲響，有震耳欲聾的「音樂」，有口沫橫飛的名嘴論政，更多的是誇張不實的廣告……，這許多聲浪中並沒有多少真實對人有益的信息。這使我想起一位音樂評論家對音樂的詮釋：「聲音並不是音樂，隱藏在聲音中的情感才是音樂。」（海斯貝克，1862年維也納）。兩者所表達的心聲略同，有異曲同工之妙。

大音希聲，其聲必微

基督徒所信奉的聖經是神所默示的（參提後三16），默示並沒有聲音，但人受聖靈感動，能將神的教訓、督責等筆之於書，使人歸正，教導人學益，對人有益。聖經中記載許多神對人的講話，有直接向人宣示的；如基督在約但河中受洗後，神向世人鄭重宣告：「這是我的愛子，我所喜悅的。」（參太三17；

可一11；路三22）然而，多半的時候是由神指定的代言者——先知們向世人宣告祂的信息。

神也會向特定的人直接說話，如在大馬色路上對掃羅的講話（參徒九3-7）。在舊約記載中，有神對先知以賽亞的講話（參以賽亞書六章）及對撒母耳的講話（參撒母耳記上三章）。當時撒母耳還是個童子，尚未得到神的默示，但神卻在聖殿中三次呼叫他的名字，撒母耳以為是祭司以利呼喚他，以利警覺知道神要向撒母耳說話，便教導他說：「神若再呼喚你，你就說，耶和華請說，僕人敬聽。」神第四次呼喚撒母耳，告以祭司以利家縱子作孽，將獲惡報，為「傳道人第二代」立下一個嚴厲的警訊，事後都一一應驗。

「大音希聲」其聲必微，神向人直接講話時，多半都以微小的聲音傳達，最顯著的例子就是神對先知以利亞講話。當以利亞靈性達到高峰，為神重用時，曾在迦密山上擊殺四百五十名巴力先知；他禱告要求上帝不要下雨，以色列地便三年零六個月不下雨，他再禱告求神降雨，雨便立刻降在地上（列王紀上十八章）。但當耶洗別要追殺他，他卻逃亡到何烈山上，在山洞中藏躲起來，並且出言向上帝抱怨。

神在山上向以利亞講話，回應他的怨懟，神要以利亞立刻出來站到山頂上，經上記載：

> 那時耶和華從那裏經過，在他面前有烈風大作，崩山碎石，耶和華卻不在風中；風後地震，耶和華卻不在其中；地震後有火，耶和華也不在火中；火後有微小的聲音。
>
> ——王上十九11-12

神悲憫的微聲

這微聲正是神對祂僕人講話的方式。神對人說話以默示為主，神向人發聲時，常以微聲示意，人要恭謹諦聽，才能聽到神的聲音。同樣，人向上帝敬拜，也宜以嚴肅靜默的方式恭謹為之，不必像巴力先知們的狂吼亂叫（王上十八25-29）。人讚美上帝宜以琴音與和聲歌詠，不必將搖滾喧鬧的重金屬打擊樂搬進聖殿，如此便很難聽到上帝的微聲。

大衛雖然也曾以角聲、擊鼓跳舞，並以大響的鈸讚美上帝（參詩篇一五〇篇），但只偶一為之，且是

在市街上舉行。在聖殿中不可喧鬧，也不宜以震天價響的群聲祈禱，因上帝的耳朵並不聾；以心靈默禱，祂便會聽見。撒母耳的母親哈拿在聖殿中向神默禱，是一個完美與神交通的範例（參撒上一12-13）。

最美的音樂不是聲音，而是隱藏在聲音中的情感；神救贖人類的福音信息，也不在震耳的市聲中，而是在默默流血的十字架上。祂會以微小的聲音，感動你的心靈；只有在神的微聲中，你才會聽到祂悲憫、慈愛的信息。

大信若盲

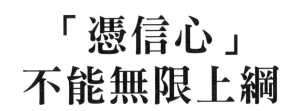

「憑信心」
不能無限上綱

保羅在他的「愛之頌歌」（哥林多前書十三章）的結論是「如今常存的有信，有望，有愛這三樣，其中最大的是愛」（林前十三13）。信只是開始，望則為過程，愛才是終端；信是信愛（基督）、望是望愛（基督），而愛（*Agape*）才是人要追求的終極目標。

因為信是第一個起步、為開端，便顯得很重要；在神學的領域中，有關「信心」的論著汗牛充棟，無法數計。光是「三大信經」（「使徒信經」、「尼西亞信經」與「亞他那修信經」）及其解釋書便讀不完，而相關的「信條學」更多不勝數。故「信」幾乎有凌駕「愛」上之勢，有些反賓為主了。

信的雙重境界

其實，「信」是有其局限的，人信神後到天國，便不再需要它了，信已成了過期的支票，派不上用場了。因此，信不可無限上綱；信為初階，望為中程，愛才是最後與最完滿的歸依。

信其實有兩種境界：一是相信（Believe），另一

大信若盲

種為信念（Faith），這兩種信有所區別；信徒向非信徒宣教，要人相信耶穌，是初信（Believe）。是講人與神關係的有無，要先建立起人與神正確和諧的關係及其相關的規範，屬於初信之信。

當人接受基督為救主之後，所發生的信心，以及信心所產生的力量，便屬於後者，就是信念。信心的力量可以由淺到深發揚光大；信徒常常掛在嘴邊上的「憑信心」，便是指信念而言。故初信的信與信念之信，有所區隔。按新約希臘文之「信」出於同一個字源（*Pisteuo*, Πιστεύω），但在表達不同情況時，則有所區別。

在有意識的信心中，信心有一定的進程；初信者靠聖靈光照，認罪悔改，才能靠主恩得救。這種初信之信，並無大小之分；但成為基督徒之後，便進入「成聖」的信仰境界。按「因信稱義」，人自己毫無著力點，只能百分之百的依靠救恩；但「成聖」則需要功夫，成聖的功夫，要在聖靈的引導下努力施為，才能淬煉出信心的深度與高度，表現在聖工上的效果便各有不同。我們常常聽信徒志滿意得的口吻講「憑信心」，似乎「信心」是一件東西，操之在己，可以

憑恃去完成任何事工。不錯，基督曾說過：

你們若有信心像一粒芥菜種，就是對這棵桑樹說：「你要拔起根來，栽在海裏」，它也必聽從你們。

——路十七6

門徒暗暗地到耶穌跟前，說：「我們為甚麼不能趕出那鬼呢？」耶穌說：「是因你們的信心小。我實在告訴你們，你們若有信心，像一粒芥菜種，就是對這座山說：你從這邊挪到那邊，它也必挪去；並且你們沒有一件不能做的事了。」

——太十七19-20

這便顯出信心有大小。表現在聖工上的效果也各有不同。

信心不但可以移山倒海，信心之大如以利亞先知，可以由天取火，燒掉祭物，而且可以求神停止降雨或立刻降雨（參列王紀上十八章）」，這都是信心

的功效。信心是一種能力，但能力的來源不是由人的「信心」中取得，而是上帝所賜予的。

摩西舉杖可以分開紅海的海水，也可以舉杖擊打磐石使之流水（參出十四26-31，十七1-7），但摩西手中的杖並非魔杖，可以之行施法術，而是神藉摩西所行的；神如不授予摩西能力，他手中的杖只是一根普通的木棍，並無神奇之處。同理，神如不賜權柄給以利亞，他既不能由天上取火，也殺不了巴力先知。因此人信心的大小，端視神自己的作為，信心只是人與神關係深淺的說明；「信心」如離開了神，任何事都不能成就。

憑基督恩典之信

信徒要講「憑信心」時，似乎是手握智珠，將「信心」當作一種工具或武器使用，有將「信心」由神手中剝離，單獨使用的傾向；人擁有「信心」，便能無往而不利，甚麼事都可以做。於是將「信心」無限上綱，甚至以「信心」取代了神位。

「信心」能離開神而單獨存在嗎？絕對不可能。

信心的能力只能由神支取；一旦離開神，「信心」便瓦解了。

保羅在哥林多前書第十三章指出的：「如今常存的有信、有望、有愛這三樣，其中最大的是愛」（13節），這三樣只有基督的愛才是主體，信與望只是依附基督（愛）而存在；離開基督，信與望均將落空，沒有基督的信心，根本不是信心。

有神學沒信仰
VS.
有信仰沒神學

當耶穌基督在世傳道時，耶路撒冷的宗教界人才鼎盛，除以宗教為職業的祭司外，法利賽人、拉比（文士）與撒都該人等也皆為宗教界菁英，這些人有時相互敵對，但當目標一致要反對基督時，便結為朋黨。

他們當中，特別是法利賽人與文士為當時的神學家，擁有對舊約律法的解釋權，常常挑剔基督與祂的門徒，並多次設計一些有惡意陷阱的話題問難耶穌。這些人多半口頭尊敬神的律法，心卻遠離神（參太十五8），所以這些人的言行頗為基督詬病，甚至斥他們為毒蛇的種類（參太十二34，廿三33）。

主對法利賽人深惡痛絕，所以主教訓門徒要提防法利賽人的酵，也就是假冒為善（路十二1），因這些人多半以說謊為職業。但另一方面，基督也教訓門徒說：「文士和法利賽人坐在摩西的位上，凡他們所吩咐你們的，你們都要謹守遵行。但不要效法他們的行為；因為他們能說，不能行。」（太廿三2-3）

基督在這裡教訓門徒的是一個「行」字，祂告訴門徒，法利賽人坐在摩西的位子上，所傳的是神的律法；但律法不是一紙具文，而是要遵守的。法利賽

人這批能宣講，會作文宣的人，只是口頭的神學家，能說卻不能行，實際上他們可以說是「有神學沒信仰」，因信仰是要實踐的。

今日，人人都在講保羅的十字架神學，但如果基督不是真的釘在十字架上，流出祂的寶血為世人贖罪，則「十架神學」不是架空了嗎？法利賽人、文士等神學家們，坐在摩西的位子上，傳講神的律法，若不加上自己扭曲的解釋，應該都是正確的。但神學正確不等於信仰正確；神學只是理論，要將理論落實到行為上，才是真正的信仰。神學與信仰是知易行難，因此耶穌告誡門徒，真正的信仰是要實踐成為行為，是要知行合一。法利賽人僅能宣講律法的知識與理論，門徒更要在生活中體現神學。

神學與信仰兩者之間，總是會有很大的落差。

有神學沒信仰的佈道家

其實，今日東、西方教會中，並不乏這類「有神學沒信仰」的現代法利賽人。多年前美國CNN有線電視製作過一個特別節目，名為《奉上帝的名》（*In*

the name of God），是一個專門報導美國電視佈道的節目。

當時美國大大小小的電視佈道家約有二千人，較著名的有國際電視佈道家葛理翰牧師（Rev. Billy Graham）等；但當時炙手可熱的電視佈道家還有另外二人（金貝克〔Jim Bakker〕與史華格〔Jimmy Swaggart〕），二人都屬同一個靈恩派教會，都舉行大型佈道會，並在電視上向全球聯播，一場佈道會聽眾約為數百萬人（其中史華格的節目曾在台灣播出）。他們知名度極高，口才一流，也都能講能唱，都在中南美地區開設救濟兒童的學校及辦函授課程，當然也都是神學家。

史華格口才更為傑出，他講道能控制全場聽眾的情緒，讓你哭，你就哭，讓你笑，你就笑；更能讓你將口袋所有的錢都掏出來奉獻給他的佈道大會。但這兩位佈道家後來都出了大問題，也都犯了同樣的錯誤，在金錢上都不乾淨，也都涉及女色（甚至同性戀）。金貝克因詐欺判刑進了監牢，史華格因嫖妓被逮到而下了台。其實，這兩人都是由於互相妒嫉、互揭瘡疤，才彼此拉下對方，自己也因而淪陷。所以

CNN才製作了這個特別的宗教節目警世，細說其中原委。

這兩位有神學卻沒信仰的佈道家，事發後的後遺症是他們在佈道會中結下的果子，有人覺得受了騙，要求將當初奉獻的金錢退還（當然追不回）；也有人因聽道受感而悔改信了主，但二人出事後，信徒便陷於困惑之中，不知他們所信的是否正確。出現的一大堆問題，都是因為傳道人的「有神學沒信仰」。

根據耶穌向門徒的解釋，這些傳道人雖然行為乖張，沒有真正的信仰，但他們講的道若是正確的，人聽了他們講的道而悔改信主，是由於聖靈的感動與神的慈悲，與傳道人的行為無直接關係，信徒的信仰也不應受影響，因傳道人是「坐在摩西的位子上」，所講的是基督的救恩。這些傳道人可能會被棄絕，但福音的大能單獨存在，正如使徒保羅嗟嘆的：「我傳福音給別人，自己反被棄絕了。」（林前九27）

神學的任務

基督教營造出來的神學，應該是對信徒有益的，

神學是用科學方法將聖經內涵加以分析、歸納、整合，條理出其中的系統與精義，使信徒可以將聖經提綱挈領、簡約完整地明瞭其中內涵。基督教會普遍接受的三大信經（「使徒信經」、「尼西亞信經」、「亞他那修信經」）便是神學產物。

神學的興起，原本為詮釋聖經，以讓信徒更容易了解真理，而能落實於信仰生活；但由於神學成為理論後，逐漸進入純思維境界，一般信徒反而不容易懂了，且有時候神學逐漸脫離生活土壤，虛擬於空中，上不著天、下不著地，讓人莫測高深。神學家講道多半要大量吊書袋、秀二希（希伯來文與希臘文）、講理論，甚至誦論，使人聽了一頭霧水。基督斥責當時的法利賽人能說不能行，但他們所說的還是能聽得懂；如果連聽都聽不懂，當然不知要如何去行，那才真正是「有神學沒信仰」。

神學的一個重要任務是詮釋信心，關於信心的解釋言人人殊，神學家可以將信心寫成許多磚頭樣的大書，讓人望之生畏，讀了不知所云；由講信心所衍生出來許多「信條學」，也會讓你無法卒讀。而將信心理論化的結果，會逐漸離開現實信仰生活，使信心變

成一種純理論的思維，且每一個教派都堅持自己對信心的解釋最為正確，而視其他宗派的信心解釋為不正確或不完全。但信心如果不輔以行為，虛懸在空中，即使是正確的信仰思維，人能夠得救嗎？所以〈雅各書〉才要強調知行合一：

> 若有人說自己有信心，卻沒有行為，有甚麼益處呢？這信心能救他嗎？若是弟兄或是姊妹，赤身露體，又缺了日用的飲食；你們中間有人對他們說：「平平安安地去吧！願你們穿得暖，吃得飽」，卻不給他們身體所需用的，這有甚麼益處呢？這樣，信心若沒有行為就是死的。
>
> ——雅二14-17

保羅說過：「如今常存的有信，有望，有愛這三樣，其中最大的是愛。」（林前十三13）信心落實成為行為就是愛心，所以有信心（神學所詮釋的各種「正確」信心），若不能落實為愛心（行為），便都是死的；因此有神學但沒信仰，也會是死的。神學本

為詮釋信仰，但有時候信仰還要再回頭來詮釋神學；由信仰到神學，或由神學到信仰，想弄明白還真不是件容易的事。

基督注重單純的信心

基督在世傳道三年之久，平時對門徒的耳提面命，多用平易的生活語言來闡釋真理，用日常生活中的例證來喻道。主的道平易近人，從無高頭講章，所以主的門徒多半是「有信仰而沒神學」，使徒彼得五旬節後對耶路撒冷猶太人的講道，使他們覺得扎心，卻並未用高言大智，僅陳述猶太人將基督釘十架的歷史史實，結論是：「你們釘在十字架上的這位耶穌，神已經立他為主，為基督了。」（徒二36）當時便有數千人聽了受感悔改。

使徒保羅是一位不折不扣的思想家與神學家，但他對哲學與神學氣氛十分濃郁的哥林多教會傳達信息，卻左打猶太人的神蹟，右打希臘人的智慧（神學、哲學），只強調：「我們卻是傳釘十字架的基督」（林前一23）。我們可以確認保羅是重信仰而輕

神學；或有信仰沒神學——雖然教會與神學界一致肯定保羅的言論為「十字架神學」。

耶穌曾為門徒樹立信心的典範與楷模，但祂所標榜的卻是一個小孩子：

> 當時，門徒進前來，問耶穌說：「天國裏誰是最大的？」耶穌便叫一個小孩子來，使他站在他們當中，說：「我實在告訴你們，你們若不回轉，變成小孩子的樣式，斷不得進天國。所以，凡自己謙卑像這小孩子的，他在天國裏就是最大的。」
>
> ——太十八1-4

小孩子純潔簡單，你當然不會向他講神學或神蹟，因此信仰必須要扎根在最單純的信心中。老子在《道德經》裏講了許多玄妙得使人難以理解的「道」之後，也嘆息說：「專氣致柔，能嬰兒乎？」（《道德經》第十章，意謂要聽任生理本能的自然，而不加入心知的作用）。可見哲學家最後也要回歸到嬰兒的單純。

要信仰？還是要神學？

由於神學思想或多或少的差異，造成了基督教宗派林立。從馬丁路德、加爾文等發起的宗教改革，導致新教宗派叢生，數百年來不斷有新的宗派與獨立教會出現；今天基督教到底有多少宗派，已經難以統計了。按說各教會大致都接受歷史上的三大信經，但在一本聖經、一位上帝與一個洗（浸）禮及三大信經之外，各教會又都有自己的教義與潛規則；而這些都比三大信經還重要，所造成的種種分歧，恰似政治上不同的意識形態，且有過之。

這些歧異當然也會出現在對外的宣教政策上；據聯合國統計，全球基督教新教人口逐年都有下降趨勢，但天主教人口卻略有增長，其中原因雖然很多，但宣教方法應為重要因素之一。今天教會不時在各處舉行種種形式的「特會」，但收到的效果似乎不彰。

天主教從不見舉行此類「特會」，人數反而有穩定的增長。何以故？在許多因素中，神學思想分歧似乎是一個重要的原因。基督教新教的各個教派在對外宣教時，大都會堅持自己教會獨特的神學立場，宣教

時在有意無意之間，都要通過自己設立的教會窄門才能進去。當人受感信主之後，必須接受該教會的「家規」，才能受洗（浸）成為基督徒，這類情況多少會產生一些不必要的阻礙。

按基督的標準，人的信心必須要回轉（由宗派神學等立場），變成小孩子的樣式，才可以進天國，而且是天國裡最大的，所以一切意識形態上的差異，都應儘量排除，回復到最單純的嬰兒信心，便可以得救。先有了信仰，再講神學（成聖的功夫），或寧可「有信仰而沒神學」，總比有神學卻沒信仰好得多。

兩岸神學教育的失衡

不過，教會不能沒有神學，更不能沒有神學院，因神學院是培養教牧的地方。今天在中國大陸有資料可以統計的中國基督教兩會神學（經學）院大約為二十五所，現有神學（經學）生約三千餘人；三自教會的信徒約為三千萬人，日後這些神學生畢業進入工場，一位牧師便要牧養萬人左右，牧者的工作相當吃重。港、台神學院林立，港、澳、東南亞、台灣及北

美的神學院共將近百所，幾乎比中國大陸多四倍，有嚴重的失衡之勢，但卻有一個奇怪現象：儘管神學生過剩，許多教會仍然缺少牧師，北美教會刊物更經常刊出招聘牧師的消息。據悉，神學生畢業後的首選工作多半不是教會，而為教會機構，甚至其他職場，可見信徒裝備了神學知識與落實到宣教的福音工場，仍然有一些差距。雖然海外的神學院校這樣多，但港、台、東南亞及北美加起來的教會信徒人口不超過一百五十萬人；但在中國大陸已登記與未登記的教會卻有近億信徒，兩者相較有天淵之別。這是不是應了一句教會中的俗話：「**清楚**（有神學沒信仰）**冷，糊塗**（有信仰沒神學）**熱**」，這種情形頗值得教會檢討與警惕。

使徒保羅艱難的
千古一嘆

（心靈與肉體的決戰：羅七18-24；太廿六41）

「我」真是苦啊！誰能救我脫離這取死的身體呢？」保羅所發出的絕望的呼聲，迴盪在古今歷史的長廊中；孔子、釋迦牟尼、奧古斯丁、馬丁路德等人也都作出了類似回應；這呼聲今天也同樣激盪在人們的胸臆中，成為人類歷史的共慟與千古同聲的一嘆！當地上的生靈在痛苦中呻吟時，連天上的聖靈也應聲嘆息，真可謂天地同悲！

第一亞當傳下人本性中的善惡對抗

「人之初，性本善」，在儒家的傳統思想中，孟子主張人性為善，荀子則認人性為惡，二人之學說各擅勝場、各執一端，也都由人性作發現點。其實，各說對了一半。人在受造之初，原為純然而至善，因人的性情是創造主所賦予的本性；在人犯罪之後，罪惡進入人的心中，惡性便盤結據守人的身心，於是善隱而惡揚，善惡二律在人心中交戰，但惡終勝善。故如從人類被逐出伊甸始，荀子之性惡說，應可成立。此二律在人身心中，相互衝突撞擊，造成了人生的至慟。

使徒保羅在〈羅馬書〉中所發出的感喟，是代表第一亞當後裔，由人性深處所爆發出來的內心之撕裂與吶喊：「我真是苦啊！誰能救我脫離這取死的身體呢？」此之謂千古一嘆！

人心善惡之由來

神當初創造第一亞當所使用的素材，首先是泥土，在製造成為人的原型後，又將生氣吹在人的鼻孔裡，就成了宇宙間第一個有血有肉有靈的活人（參創二7）。所以人在基本上可分為兩部分：即泥土造成的肉體，與神所賦予的生靈。這兩部分合起來，便構成了一個完整的人。

神所賦予人的生靈，是附著在以塵土所造的肉體上，而肉體中如果沒有生靈，則與其他動物無異，不能成為人。人的心靈是由神直接以靈氣吹入鼻孔，這樣用泥土造成的身體，便獲得了神的靈性，使人在一切受造物中達到最高層級，為萬物之首。人不但能明辨是非，尋求真理、公義，且心中有了神的愛，地位更超越天使，為神所鍾愛的對象。

神將人安置在伊甸園中，並成為伊甸園中的
CEO，受命於神管理當時的世界，地位顯赫、恩寵有
加。但不幸第一亞當夫婦為尋求愚昧的知識而違背了
神的命令，竟因貪食禁果終被逐出樂園，進入荊榛遍
布的大地，開始了艱辛的生涯。而且由犯罪伊始，人
的心靈與肉體也都有了新的變化。

　　人心靈中所有的良善與一切神所賦予的性情，雖
然仍在，卻常常為肉體的物慾所蔽，人的身心由此便
展開十分劇烈的衝突。由於原罪盤踞人的身體，所以
鬥爭的結果，人心靈中的善多半會敗北，讓肉體的惡
佔盡上風。因而由第一亞當以降迄於今日，人類身心
的鬥爭，無時或停。這些鬥爭的結果，隨著時間移轉
而記錄下來的故事，便是人類罪惡的歷史檔案。

靈、體對抗帶給人的痛苦

　　第一亞當不慎失足後，人類一直在等待救贖——
即第二亞當基督的救贖。第二亞當（神的兒子）基督
降世以後，完全生活在人類罪惡的環境中，並遭受撒
但空前的攻擊。撒但如能攻下這第二座城堡，基督若

失敗，人類便會永劫不復！經過慘烈的鬥爭，基督被釘在十字架上、流血、受死後再由死裡復活，祂戰勝了邪惡、擊潰了當初打敗第一亞當的撒但，並完成了對人類的救贖。如此，人類終於可以脫困，不再受惡者的挾制，並能勝過屬世界的肉體，身心終於得贖。

且慢，是否人身上的罪惡禁制因此完全解除了？人的身心完全獲得自由了？撒但的攻擊也完全停止了？否。邪惡仍然存在，善惡的鬥爭繼續不斷。人在得贖之後，仍要面對撒但持續地誘惑而作出選擇，且須面對永無止境的試探。當初第一亞當不慎跌倒的陷阱仍在，人隨時會再度陷入。

對於尚未得到基督救贖的人，因已臥在撒但的權下，在陰暗的罪惡中度日，心靈中的良知有時雖也會浮現，在面臨善惡的選擇時或有所躊躇遲疑，卻不很明顯，故其內心的鬥爭並不嚴重，心靈的煎熬也相對輕緩。

然而，對那些由基督寶血贖回得救的信徒而言，這種善惡的傾軋與抉擇的痛苦便十分嚴峻了。保羅更以自身為例，將他的經驗和盤托出，將他內心的鬥爭充分表達出來，這便是保羅在〈羅馬書〉第七章中的

內涵。這是一幕人內心善惡互鬥的赤裸描述，其痛苦的指數，應遠超過醫療圖示極限的等級，因為心靈的痛苦淬鍊，絕對超過肉體。

以下是保羅人性中痛苦絕望的告白：

在我裡頭，就是我肉體之中，沒有良善，因為立志為善，由得我（心靈），只是行出來由不得我（肉體）。故此我所願意的善，我反不作，我所不願意的惡（肉體），我倒去做。若我去做所不願意做的，就不是我（心靈）做的，乃是住在我裡頭的罪（肉體）做的。

我覺得有兩個律，就是我願意為善（心靈）的時候，便有惡（肉體）與我同在，因為按著我裡頭的意思，我是喜歡上帝的律（心靈），但我覺得肢體中另有個律（肉體），與我心中的律交戰，把我擄去，叫我服從肢體中犯罪的律。我真是苦啊，誰能救我脫離這取死的身體呢？

——羅七18-24

千古以來，第一亞當的後代都淪陷在這二律的交戰中，無人能免，甚至連不在二律轄制之下的基督（無原罪）也受到波及，才會有客西馬尼園被釘前夕的天人之戰。

如婦人的產難之痛

　　保羅所訴說的苦，究竟有多苦？他說：「我們知道，一切受造之物一同歎息，勞苦，直到如今。」（羅八22）《現代中文譯本》的譯文則謂：「我們知道，直到現在，一切被造的都在呻吟，好像經歷生產的陣痛。」保羅形容的在這種如同產婦肉體撕裂的痛苦，焉能不嘆！這種疼痛，第一亞當的後代都經歷了，但婦人在生產後因擁有新生嬰兒而快樂，人在心靈與肉體掙扎之際，卻只產生絕望的痛苦，因這是一場必敗的鬥爭。

　　亞當尚未犯罪之前，心靈與肉體應為對等的地位，在伊甸園中面臨試探時，如能謹守神的命令，心靈便可以得勝，但不幸亞當未能謹守神的命令而失敗了。自此以後，肉體（即犯罪的律）便佔了上風，居

於絕對的優勢（約為全人的三分之二），心靈中的善則居於劣勢（約為全人的三分之一），所以人身心中的二律，優劣之勢，早成定局。

人心中之善永遠勝不過心中之惡。人雖然想守神的律法，但卻一條也守不住，只能靠祭司在聖殿中不斷地以牛、羊等獻上贖罪祭，來暫時抒解罪惡的壓力；直到基督釘死在十字架上，才能解決這肉體罪惡的千古懸案。

歷代宗教家與哲人都在尋求自我救濟

使徒保羅在〈羅馬書〉第七章中的呼籲，喊出了古今以來億萬人的心聲，這種苦況照樣也曾迴盪在古今許多悲天憫人的宗教家、道德家與哲人心中。他們不僅道出人生中的痛苦，也試著要竭盡所能用各種自我救濟的方法，來求解脫善、惡在身心鬥爭中所造成的痛苦，如佛陀所揭示的生、老、病、死之苦境。

釋迦有許多試行解脫人生痛苦的方法，《大悲咒》與《心經》即為修行方法的一種。《般若波羅蜜多心經》中云：

是諸法空相，不生、不滅、不垢、不淨，不增、不減；是故空中無色，無受、想、行、識，無眼、耳、鼻、舌、身、意，無色、聲、香、味、觸、法；無眼界，乃至無意識界，無無明，亦無無明盡，乃至無老死，亦無老死盡；無苦、集、滅、道，無智亦無得。

此為釋迦牟尼等在修行時，所體會出之肉體中的種種苦況。而要努力排斥的，正是人的肉體。但修行者在虔誠誦讀修行經咒千萬遍之後，究竟能否達到其所嚮往之歸真返本的圓寂涅槃境界，而解脫人生的苦境，修行者應該自知。

儒家想以倫理道德的修養功夫來克制肉體，即所謂的「克己復禮」；主張努力修身，「自天子以至庶人，壹是皆以修身為本。」而具體的方法便是《大學》中的「格、致、誠、正、修、齊、治、平」。《中庸》中的「道也者，不可須臾離也；可離，非道也。是故，君子戒慎乎其所不睹，恐懼乎其所不聞。莫見乎隱，莫顯乎微，故君子慎其獨也。」

儒家道德修行中的「修身」與「慎獨」，皆為對付肉體的方法。但孔子的道德修養功夫傳承了數千年，今天全世界幾乎都設立了「孔子學院」，華人的道德水平在修習了數千年之後，有所改善嗎？「克己」的功課已經做到了嗎？我想任何一個華人都能在自己心中得到他的答案。

　　奧古斯丁也作如此嘆息。奧氏在其《懺悔錄》中傾吐出心中苦水：「人真是苦啊，該怎樣才好呢？誰能救我脫離這取死的身體呢？誰也不能，只有恩典的神藉著主耶穌基督⋯⋯」

　　改教大師馬丁路德在十六世紀發出了他長長的一聲嘆息，為了要對付這取死的肉體。馬丁路德早年在修道院中以種種苦行來累積善功，甚至以鞭打自虐來克制肉體，但均無法制止自己的肉體；最後終於在〈羅馬書〉第五章的「因信稱義」中，發現了制約的奧祕，就是以信心接受福音的大能，由基督得來白白的恩典。因為人自淪陷在原罪中之後，連自由意志也已被撒但擄去，人的肉體毫無作為。人的一切修為均淪為空談。

　　據悉，早期的羅馬天主教修士曾使用一種金屬的

刺鉤或動物的毛製成一種苦修帶（Cilice）綁在身上，以便隨時警惕；有時也會用皮帶鞭打自己的身體作克制肉體的苦行。最近有一位作者奧德，在其發表的著作中曾提及前任教宗約翰保羅二世在擔任教宗時，仍保持這種苦行；服侍他的修女們曾聽到教宗鞭打身體的聲音。但這樣的苦行能解脫肉體的制約嗎？應知壯士無力可以自舉，在二律糾纏的痛苦中，人只能發出一聲聲無助的嘆息。

第二亞當（基督）道成肉身的痛苦

基督遭受試探的痛苦

第一亞當在受造之後，神將他與夏娃安置在伊甸園中，並且「吩咐他說，園中各樣樹上的果子，你可以隨意吃，只是分別善惡樹上的果子，你不可吃，因為你吃的日子必定死！」（創二16-17）

人在受造之初，神予人以充分的自由意志，可以作出主觀的選擇；但人不幸卻作了錯誤的選擇而觸

犯神的命令，才招致死亡的命運。第一亞當自犯罪之後，其後代由母親懷胎時即成為罪人（參詩五十一5）。第一亞當的後代生來便有原罪，根本無力抗拒心中罪惡的律，必須等待救贖，因此神才必要差遣祂的獨生子基督，以道成肉身來拯救世人（參約一1-14、18）。

　　基督以神子成為肉身，但生而無原罪，應與第一亞當初受造時的情況略同。第二亞當也有充分的自由意志，可以重新作出順服神或背叛神的選擇。基督的神、人二性也略同於第一亞當的靈、體二性，同樣成為基督一生痛苦之來源。基督在人世三十三年的傳道生涯中，備受撒但試探的折磨。祂遭受過人性中的各種試探，而且每次都十分嚴峻，但第二亞當的基督卻勝過了各種試探而沒有犯罪（參來四15）。

　　基督在世上遭受的真正痛苦，其實並非釘在十字架的六個小時，那是基督肉身的痛苦。祂生活在世上的三十三年中，每日每時都要接受撒但的攻擊與試探，那才是基督最大的痛苦。心靈中之神、人二性掙扎交戰的痛苦，遠勝過祂肉身的遭受。

基督神、人二性的劇烈掙扎

第一亞當在伊甸園中初受撒但試探時，惡者是輕騎過關，根本未受到任何抗拒。亞當在受到撒但誘惑時，心中或者曾猶豫過，但卻未將神的命令放在心上，伸手便將死亡的禁果摘下來吃了。惡者幾乎不費吹灰之力便大獲全勝，但在曠野中誘惑基督時，卻踢到鐵板，鎩羽而逃。同樣，撒但的武器還是食物。引誘亞當吃的禁果是在亞當夫婦饜飽之後，禁果進了亞當的口腹不過是當作飯後的尾食。但當撒但要基督以石頭變成餅時，卻是基督在禁食四十晝夜之後，飢腸轆轆時。基督是在與飢餓奮戰的情況下，拒絕了魔鬼的建議，謹守《聖經》的教訓，兩種情況是天淵之別。

由於基督具有神性，所以祂在傳道時多次施行神蹟；以石頭變餅這種事對基督來說是輕而易舉，但基督寧可忍受飢餓而拒絕了石頭的誘惑。此之謂：「是不為也，非不能也。」

基督在遭受魔鬼引誘時，許多情況都可以其神性致勝，但基督多半棄而不用，寧秉其人性以遵行神旨來抵抗撒但的詭計。甚至祂在受難前夕被捕時，可以

差派天軍來化解危難（參太廿六53），然而基督均不採用，而以其人性血肉之軀來承受痛苦，更為基督痛中之痛。其目的無他，是要制死肉體而使心靈得勝，為人的肉體立下受苦致勝的典範。每當基督在接受試探時，祂神、人二性的心靈與肉體之掙扎，都會再受一次折磨，是基督的苦中之苦。

客西馬尼園之役

其實，在保羅發出他的千古長嘆之前，第二亞當基督已於受難前夕，在客西馬尼園中展開了心靈與肉體劇烈的天人之戰，為其生平受苦之最。以下是當時的戰況紀實：

> 耶穌同門徒來到一個地方，名叫客西馬尼，就對他們說：「你們坐在這裏，等我到那邊去禱告。」於是帶著彼得和西庇太的兩個兒子同去，就憂愁起來，極其難過，便對他們說：「我心裏甚是憂傷，幾乎要死；你們在這裏等候，和我一同警醒。」

他就稍往前走，俯伏在地，禱告說：「我父啊，倘若可行，求你叫這杯離開我。然而，不要照我的意思，只要照你的意思。」來到門徒那裏，見他們睡著了，就對彼得說：「怎麼樣？你們不能同我警醒片時嗎？總要警醒禱告，免得入了迷惑。你們心靈固然願意，肉體卻軟弱了。」

第二次又去禱告說：「我父啊，這杯若不能離開我，必要我喝，就願你的意旨成全。」又來，見他們睡著了，因為他們的眼睛困倦。耶穌又離開他們去了。

第三次禱告，說的話還是與先前一樣。於是來到門徒那裏，對他們說：「現在你們仍然睡覺安歇吧！時候到了，人子被賣在罪人手裏了。起來！我們走吧。看哪，賣我的人近了。

———太廿六36-46

基督以道成為肉身，就是要用道來對付肉身，以達成基督拯救世人的目的。祂活在世上三十三載，無月、無日、無時、無刻不在心靈與肉體的交戰煎熬之中，直到祂被釘前夕，在客西馬尼園中祈禱時，才與撒但展開了慘烈的交鋒。

　　基督來到世上，以道成為肉身，祂所取得的肉體，正是第一亞當的傳承。但由於基督是神子，並非第一亞當後裔的帶原者，所以並未背負第一亞當原罪的包袱，應只是當初神以泥土創造之原型。易言之，基督所具有的人的肉身，應與亞當在未犯罪之前的肉體相同，因此祂可以與第一亞當同樣被引誘入罪，但也可以拒絕撒但的引誘而不犯罪。

　　在是與非之間，在服從神與違背神中作出不同的決定，此為第二亞當所面臨的抉擇。祂仍可再走第一亞當受引誘而失敗的老路與死路，但也可以採取峻拒撒但，完全服從神旨的新路與活路。面臨此一抉擇，基督於客西馬尼園的禱告中，作出了祂最終極有關全體人類命運的重大決定。

　　在採取這個重大抉擇時，基督痛苦無比，曾大聲哀哭，汗流如血滴，充分表現出人性的一面；祂甚至

祈禱上帝，盼望能將這折磨祂肉體的苦杯挪去。主的痛苦已達極限，幾乎到了生死的臨界點；稍一不慎，人類的盼望全滅，人性也全盤皆輸。全人類的救贖，繫於基督的一念之間。

基督在客西馬尼園中有三次禱告：第一次禱告中，主說：「我父啊，倘若可行，叫這杯離開我。然而，不要照我的意思（肉體），只要照你的意思（心靈）。」（太廿六39）基督這個禱告，頗接近第一亞當在伊甸園中受試探時的情況。主已經具有想逃避苦杯的意願，與當初亞當與夏娃看到分別善惡樹上的果子，一心想吃的慾望略似。但基督在想要拒絕苦杯的同時，卻作出堅持上帝話語的決策。此為肉體與心靈交戰的第一回合。雙方旗鼓相當，勝負未決，劍拔弩張，千鈞一髮；在此關鍵時刻，基督甚至需要門徒與祂一同儆醒禱告，以共度危機。

神也會尋求人的支持？基督有這種需要嗎？基督要人與祂同負一軛嗎？其實，基督所希冀的，只是要門徒與祂一同儆醒片刻。這其實是為門徒著想，因為隨之而來的不只是基督的受難，也是門徒的總潰敗。他們都已全部失去了信心，彼得還三次不認主。若當

時能與主一同儆醒禱告，門徒應不致如此不堪一擊。

基督在受難前夕的第二回合之天人交戰中，基本上主已以心靈戰勝了肉體：「我父啊，這杯若不能離開我，必要我喝，就願祢的旨意成全。」主已經宣告祂以心靈勝過了肉體，撒但魔鬼當然要靠邊站了。在第二回合中，主已完全掌控局勢，撒但已無能為力。第一亞當心靈失敗，肉體得逞；但第二亞當卻以心靈戰勝了肉體，守住了人對神原創的形態。第三回合，僅為勝利的確認，勝利的凱歌已經奏響了。

基督在受難的同時，不忘祂門徒的困境，所以及時提醒，勗勉有加：「總要警醒禱告，免得入了迷惑。你們心靈固然願意，肉體卻軟弱了。」（太廿六41）這就是心靈戰勝肉體的一把鑰匙。

基督在這裡向門徒所宣示的人的主要困境，為心靈與肉體的對抗與鬥爭。心靈是屬神的、屬天的、屬靈的，肉體則是屬世的、屬情慾的、屬物質的。兩者原本皆為神在原創中結合為一，不幸後來卻因惡者將邪情私慾移置在人的肉體中，因而才使肉體犯罪。人的性格更分裂為二，心靈與肉體便因而形成對立，成為人內在的鬥爭，此消彼長。人若能堅持心靈的力

量，便能依靠仰望神而得勝；但如體貼肉體，便會淪為惡者的奴隸而引至滅亡（參羅八5）。

保羅化絕望的悲嘆為勝利的凱歌

體貼肉體是死，體貼聖靈是生命平安

保羅在〈羅馬書〉第八章中深入討論了心靈與肉體的問題。他說：「因為，隨從肉體的人體貼肉體的事；隨從聖靈的人體貼聖靈的事。」（羅八5）《現代中文譯本》譯作：「因為，服從本性的人意向於本性的事；順服聖靈的人意向於聖靈的事。」《簡明聖經》則譯作：「照罪惡本性生活的人，心裡總是想著罪惡本性所喜愛的事；照聖靈生活的人，心裡總是想著聖靈所喜愛的事。」

以上這三種譯文，我仍屬意於《和合本》的譯文，因其言簡意賅，「體貼」一詞較為貼切，因為人的本性早已與肉體緊密地結合在一起而無法分開了。如何能不隨著肉體行事呢？人要憑藉自己的努力扳回

這一局，是徒勞無功的；因壯士也無力自舉：佛陀如此，聖人如此，歷代教父如此。所有修行者均如此，都是「心靈願意，肉體卻軟弱」。

當初撒但攻下了第一座堡壘（亞當），其後裔便無力再抵擋了；任何人靠自己的修為都徒勞無功。人要依靠自己的肉體去制勝肉體，是與虎謀皮，只能陷於更痛苦的深淵中，這是一條死路（參羅八6）。但死路也可以轉為活路：「**基督若在你們心裏，身體就因罪而死，心靈卻因義而活。**」（羅八10）這個取死的肉體，既不能修整，也無法克制，唯一的歸趨是與基督同釘在十字架上死了，心靈才能因義而活，而這就是基督的救贖。

心靈與肉體二律的交戰劃上句號了嗎？否。當人尚活在世上的時候，這場戰爭仍然要繼續，人還是要面對這場鬥爭。人在離世歸天之前，無日或歇。但這已不是場必輸的戰爭，而是靠主可以打贏的戰爭了。撒但今天並未偃旗息鼓，我們的肉體中，仍然有二律的存在，撒但仍可以之為武器，隨時對人進行攻擊。

「肉體」這個自人出生以後便背負著的重擔，即佛家云「臭皮囊」，如何才能解除呢？古往今來多

少宗教家、道德家、哲人們殫精竭慮花了多少智慧與心血,想克服或解除這肉體的桎梏,但無人得逞。人費盡心機都無法解除這肉體的禁制。為此,保羅告訴我們,這不僅是他自己在嘆息而已:「一切受造之物一同歎息,勞苦,直到如今。不但如此,就是我們這有聖靈初結果子的,也是自己心裏歎息」(羅八22-23)。

尤有進者,甚至連聖靈也用說不出來的嘆息為我們禱告(參羅八26),這實在是天地同悲的一聲嘆息呵。直到基督以其肉身釘死在十字架上,以道所成就的肉身代替了人類犯罪的肉體,才能徹底解除人對肉體的困境,完成對全人類心靈與肉體的救贖。今天的基督徒只要憑藉十字架,便能戰勝這取死的肉體,使身心都能進入全新的境界。第二亞當的後裔(基督徒)便能由敗轉勝,靠主復活的大能而高唱勝利的凱歌。

保羅說:「我是攻克己身,叫身服我。」(林前九27)如何才能攻克己身呢?他繼續說:「我們爭戰的兵器本不是屬血氣的,乃是在神面前有能力,可以攻破堅固的營壘,將各樣的計謀,各樣攔阻人認識神

的那些自高之事（即歷代以來的諸多宗教家與哲學家們之克己修行的功夫），一概攻破了，又將人所有的心意奪回，使他都順服基督。」（林後十4-5）這就是基督在十字架上給我們解除肉體禁錮的答案。保羅的千古一嘆，終於得到具體解答，基督能救我們脫離這取死的身體：「感謝上帝，靠著我們的主耶穌基督就能脫離了。」（羅七25）

由絕望的悲嘆化為勝利的凱歌

保羅在〈羅馬書〉中敘述了他對人性中二律的悲觀：心靈永遠勝不過肉體，因為第一亞當由開始便將自己與其後裔都賣給罪了。人要倚靠自己的努力，永遠無法由罪中自拔，且會越陷越深。因此，這取死的身體必須死，心靈才能重生，靠著基督福音的大能，身體才可得贖，生命才可白白的稱義。而為此同聲嘆息的人，也要一同與他歡唱基督的大愛：「誰能夠使我們與基督的愛隔絕呢？是患難嗎？困苦嗎？是逼迫嗎？是飢餓嗎？是赤身露體嗎？是危險嗎？是刀劍嗎？」（羅八35）

誠如《聖經》所說：為了基督的緣故，我們整天被置於死地，人把我們當作待宰的羊。然而，在這一切事情上面，我們靠著愛我們的主，已經獲得完全的勝利！因為我確信，甚麼都不能夠使我們跟上帝的愛隔絕；不管是死、是活；是天使，是靈界的掌權者；是現在、是將來；是高天，是深淵；在整個被造的宇宙中，沒有任何事物能夠使我們與上帝藉著我們的主基督耶穌所給我們的愛隔絕（參羅八35-39）。

信靠基督

基督的死、生與復活

死即是生，生即是死

若有人要跟從我，就當捨己，背起他的十字架來跟從我。因為，凡要救自己生命的，必喪掉生命；凡為我喪掉生命的，必得著生命。

——太十六24-25，耶穌基督

我實實在在地告訴你們，一粒麥子不落在地裏死了，仍舊是一粒，若是死了，就結出許多子粒來。

——約十二24，耶穌基督

當基督呼召一個人時，祂是叫他去死。

——《跟隨基督》，潘霍華

你的誕生已經誕生的你的死已經不死的你的誕生已經誕生的你的死已經不死的你。

——〈二倍距離〉，林亨泰

（作者按：要連成一句話來讀。設法理解「誕生已經誕生」、「死已經不死」）

以上基督的兩處談話，都是對門徒相當重要且極為核心的教訓。其實，這兩處經文是重覆著同一件事：「死」。基督告知其跟從者都必須要去死，死了才能生。因此生下來便要去死，正是基督與門徒一生的志業；一言以蔽之，就是非死不可。基督在這裡說的，當然不是指人自然的死亡，而為非常的死亡：如基督就是死在一種羞辱的酷刑——釘十字架，艱難痛苦地死去。

潘霍華更直截了當地指出，跟隨主者必須要死，才能得生，已經沒有商量迴旋的餘地了。

後面那一段文字，是台灣現代派詩人林亨泰（1924-）的新詩作品，因2010年1月19日成為中國大陸清華大學、南京大學等五所高校自主聯招的試題而成為話題。要求考生以三百字對林詩作成品評，有考生說他讀了二、三十遍仍不知詩中玄機。林亨泰描述生與死的詩，表達了他的生死觀：生是為死而生，而死卻誕生了生命，語似矛盾卻暗合基督宣示的真理：生、死，都是生命。殊堪玩味。

置之死地而後生

基督教早期教會很少有人注意基督的誕生，四福音中成書較早的〈馬可福音〉便沒有提及耶穌的生，較為詳細記載主誕生的是〈馬太福音〉與〈路加福音〉，而四部福音書中卻都記載了主的死與復活，因為基督的死與復活才是大事、才是祂道成肉身的目的，預備去完成的救世大業。

生是手段，死才是終極目標、是救恩也是福音。主是為死而生，門徒要跟從基督也必須先做好死的準備，否則便徒勞無功。

近代德國神學家潘霍華（Dietrich Bonhoeffer, 1906-1945）在他的著作《追隨基督》（*The Cost of Discipleship*）中強調說：「當基督呼召一個人時，祂是叫他去死。」（第四章「作門徒與十字架」），這樣的話，不是會將一切想跟從主的人都嚇跑了嗎？人跟從主不是要尋求永生嗎？誰想與主一樣再去釘死在十字架上呢？

事實上，主的門徒卻有不少人後來都以鮮血為主殉道，彼得與保羅便是如此。〈希伯來書〉作者歷數

先知與門徒遭受的苦難：「有人忍受戲弄、鞭打、捆鎖、監禁、各等的磨煉，被石頭打死，被鋸鋸死，受試探，被刀殺⋯⋯」（來十一36-37）這些人幾乎與基督一樣在殘酷的方式下犧牲了生命，這些跟從主的人是榮獲特殊恩典，才有這種與主相同的遭遇。但我們一般跟從主，所謂「必須去死」，是意味著要跟從者的「老舊人」必須死去，即指「捨己」而言。

那位立志要跟從主、尋求永生的少年人，虔誠遵守律法，頗類似今日教會中熱心事奉的信徒，是一種人人敬佩的標竿型基督徒，是信徒中的典範人物；論信仰，已經無懈可擊，但「還缺少甚麼呢」？主還要他變賣所有的分給窮人：「還要來跟從我」，「那少年人聽見這話，便憂憂愁愁地走了，因為他的產業很多」（參太十九10-22）。這便是主要求「捨己」及「跟從主」者的範例。

這位優秀少年人的「十字架」是他的財產，他必須先捨去，才可以「跟從主」。今日我們的教會中有多少人已經跟從了主？又有多少人是「憂憂愁愁地走了」呢？

「得著生命的，將要失喪生命；為我失喪生命

的，將要得著生命。」（太十39）跟從主的人要得到生命（屬靈的），必先失去生命（屬世的）；世界與天國無法二者兼得，要置之死地而後才會生。

基督為死而生

　　三位一體上帝的第二位聖子，有必要到人世間來走一遭，以道成為祂創造之人的肉身嗎？若無特殊使命，當然不會有此需要，但自舊約先知書（參創三15；詩八4-6；但七13-14）到新約使徒書信（參加四4-5）都預言並指出基督的誕生並不是為生而生，而是要為人受苦受死而生；當伯利恆的牧羊人聽見天使所報的大喜信息（是對世人的喜而非基督的喜）時，當基督在馬槽中呱呱墜地時，正是基督受難的開始。

　　人子是走上了祂在人間的死亡不歸路，祂不是自然的死亡而是釘死在十字架上。主的生是取得人肉身的手段，死才是祂生的唯一目的，主如不死便不會也不必生，所以基督曾多次向門徒宣示這個「老我」必須得死的訊息，祂說：「若有人要跟從我，就當捨己，背起他的十字架（死）來跟從我。」（參太十六

24；可八34；路九23）因此，基督徒必須要先明白主的心意。今天許多人將十字架佩戴在身上當作裝飾品，有些人是為要營造錯誤的優雅氣質，實在是極大的誤解及不敬。十字架是死的標誌，也是受苦者的勳章，恰恰與人的想法背道而馳。

未知死焉知生

孔子曰：「未知生焉知死」（《論語》〈先進〉），儒家並非宗教，故孔子不討論生死；但基督徒在尋求永生之先，首先應要了解死亡，死才是人首先要解決的問題。第一亞當在犯罪之後，是帶著罪與罰（死）被逐出伊甸，此後人類便先要面對的是身體的死。

早期的始祖由於生活環境良好，原始大地雖因人的罪被詛咒，土地卻還未受污染，所以人的壽命很長。最長的瑪土撒拉享壽接近千歲（969歲），但最後仍要死亡。人類中只有兩個人例外，沒有經過死亡，直接與神相會，即與神同行三百年的以諾（參創五22、24）、被神用火車火馬接到天上的以利亞（參王

下二11）。第二亞當的耶穌基督道成肉身到世上的目的，正是要代替人的罪而死，使在死亡權下的人可以得到釋放、得到生的希望。

基督的志業是死亡的事業；方式是以肉身釘在十字架上，成為人的贖罪祭，以消除人類死亡的記錄。所以主在最後進入耶路撒冷時，便首先向跟隨祂的門徒宣示，祂「必須上耶路撒冷去，受長老、祭司長、文士許多的苦，並且被殺，第三日復活」（太十六21）。主的門徒彼得立刻出言攔阻，這當然是可以理解的。還沒有經過死亡，沒有學習死亡功課的彼得，焉能理解死亡對基督的重要及對整個人類的意義。

俗話說：「千古艱難惟一死」；其實死並不那樣艱難，了解死亡的意義才真不容易。自從基督在十架上體現了祂的任務，死了並且埋葬了，但一直等到基督復活了，門徒們仍未能完全回過神來，仍對主的死諱莫如深，仍對死亡感到絕望與恐懼，直到主復活向門徒多次多方顯現與教導後，他們才能了解並克服對死亡的畏懼，門徒才能徹底體認並棄絕死亡：

死啊！你得勝的權勢在哪裏？死啊！你的毒

大信若盲

鈎在哪裏？死的毒鈎就是罪，罪的權勢就是
律法。感謝神，使我們藉著我們的主耶穌基
督得勝。

——林前十五55-57

這才是門徒對死亡的正確認知。

基督說：「一粒麥子不落在地裡死了，仍舊是一
粒；若是死了，就結出許多子粒來。」（約十二24）
這話啟示我們，人的老我若不死，新我便不能生；死
後再重生，新我才會結出更豐盛的生命果實。所以
基督徒首先追求的不是生而是死，是老亞當老舊人的
死，是與基督的十字架同死，才能與主同復活。

基督是為救贖第一亞當的罪而生，也是為第一亞
當留下的罪而死；基督不死便不能生，同樣，主的門
徒在靈命上也要與主在十字架上同死，才能得看生的
盼望，是置之死地而後才有生。

十字架是雙重死亡

基督生來便知道自己的生是為死而生，在祂被

釘十字架之前的傳道歲月中，每天都在痛苦中度過祂的分分秒秒；祂沒有留下任何寫真，現今人所相互傳示的基督畫像，是人憑自己的臆測描繪的，是人自己對主情感的投射，才畫得如此神聖、美好、莊嚴、慈祥。如果當初有人為基督畫下一幅寫真的畫像，我們今天看了恐怕會大吃一驚，祂可能不是一位軒昂的人物，因那會離人的想像太遠，人看了也許會因失望而棄絕這樣的形像。以賽亞早就說了：

他在耶和華面前生長如嫩芽，像根出於乾地。他無佳形美容；我們看見他的時候，也無美貌使我們羨慕他。他被藐視，被人厭棄；多受痛苦，常經憂患。他被藐視，好像被人掩面不看的一樣；我們也不尊重他。

——賽五三2-3

保羅則說基督：

反倒虛己，取了奴僕的形像，成為人的樣式

——腓二7

基督自己說祂必須受許多的苦，並且被人棄絕，最後還要被殺死在十字架上。我們都熟悉基督十字架上的死，以及祂在肉體與精神上所受的苦難與折磨；但我們也許會忽略主在十字架上被釘死時，遭人厭棄的這一事實。

　　我們今日對基督在十字架上之死的感受是悲痛與崇敬，但當時人對主的死的感受卻並非如此。當時祂是以一個低賤罪犯的身分被不名譽的處死，死了還要被丟在聖城之外；祂的死是被藐視與詛咒的，如同今天司法當局處決一個十惡不赦的罪犯般。沒有人看得起祂，許多人都認為主的死是罪有應得，且死有餘辜。除跟隨祂的門徒之外，社會上大多數人並未予以同情；尤有進者，基督在生前死後都為宗教界與知識界所棄絕，宗教界的領袖終於鬆了一口氣：「這個麻煩製造者總算死了」，終於走上了窮途末路。他們除掉了一個眼中釘。

　　基督是「不名譽的處死」，是被當時的長老、祭司長與文士所共同棄絕的對象；易言之，主在當時的死絕不是轟轟烈烈，絕不光榮，這是雙重的死：死且被棄絕。這二者加起來才是真正的十字架，而主今

天也要跟從祂的人，照樣背負起這樣一個沉重的十字架。

復活摧毀死亡，並打開福音之門

基督在十字架上釘死，便已完成了代替人類贖罪的大功，祂的任務應已結束，不再需要其他附加條件；主的復活並非贖罪的延續，救恩不需再錦上添花，但主的復活卻是十分必要的，這並不是為對付人的罪債，而是要對付死亡的威脅。

當然，死根本就是罪的產物，死一直在張著巨口要吞噬人。人的罪雖已由主在十架上付清，然而死亡仍在一旁虎視眈眈等待機會，基督便需要徹底消滅死亡。主的復活完成了對死亡一次而永遠的毀滅。當基督由墳墓中復活的那一剎那，死亡便完全崩潰，我們且聽保羅對此事的謳歌：

死啊！你得勝的權勢在哪裏？

死啊！你的毒鉤在哪裏？

這是人類首次向死亡作出的揶揄與挑戰，因為它已經是一條被基督踏死的蛇，人的身體雖還要經歷死的過程，但那僅僅是「睡」（參約十一11-13），而非永死；死亡與撒但最後卻要被擲進永死的火湖中（參啟二十10、14），寫下死亡的完結篇。

基督的復活有兩個重大意義，一是為垂頭喪志的門徒注入嶄新的活力與靈力。這方面，主在生前便早已留下了伏筆（參約十四16-17、26，十六7-11、13），待基督復活後，便立刻向門徒顯現，並且噓氣領他們接受聖靈（參約二十22）。

基督復活後，也正式開啟了聖靈的時代。主升天時告訴門徒「聖靈要降臨在你們身上，並且要得著能力」，等五旬節來到，聖靈更有聲有形的普降在教會眾人身上；聖靈第一次降臨，有舌頭如火焰降下，落在眾人頭上，並且為眾人帶來新的宣教恩賜——當場說起別國的話來（參徒二1-13）。這便是基督復活後，為世人帶來普世福音之象徵，基督的福音今後不再限制於地域與語言，主的救恩要以各種聲音向世人宣告。

基督在世時，傳福音仍有其先後次序。當一位

迦南婦人（本地人），求主為她女兒趕鬼時，主對她說：「我奉差遣不過是到以色列家迷失的羊那裏去。」（太十五24）傳福音要講求優先順序，先是猶太人，後才是希利尼人（參羅一16），但基督復活後，便打破了這個制約，福音不再受限制。基督吩咐門徒去宣教，雖仍有先後，但那是地域的次序，而非種族的優先順序。主說：「但聖靈降臨在你們身上，你們就必得著能力，並要在耶路撒冷、猶太全地，和撒馬利亞，直到地極，作我的見證。」（徒一8）

基督離世前向門徒頒示大使命說：

天上地下所有的權柄都賜給我了。所以，你們要去，使萬民作我的門徒，奉父、子、聖靈的名給他們施洗。凡我所吩咐你們的，都教訓他們遵守，我就常與你們同在，直到世界的末了。

——太廿八18-20

自基督復活以後，福音之門已向普世大開，地無

分東西南北，人無分男女老幼，種族也不再受限制。
「萬民」是世上一切的人，復活的大能已不再局限於
猶太巴勒斯坦一隅，舉世之人皆為神的選民，全球都
為神的應許之地。基督在十字架上完成了救贖，基督
的復活則使全球都廣被在救恩之中。

大信若盲

基督的雙重死亡與
雙重復活

基督的雙重死亡

基督在十字架上的死，並非單純身死；祂是人格及肉身的雙重死亡，就是主生前告知門徒的：祂要被殺且被棄絕（參可八31；路九22，十16，十七25；約十二48），有所謂「人格」為人的第二生命；但對基督來說，人格應為其第一生命（基督的人格，同時也是祂的神格，因基督是神人二性），身體才是祂的第二生命。基督的受難，是人們先謀殺了祂的人（神）格，再於十架上殺戮了祂的身體之雙重死亡。

基督在生前多次遭受棄絕。祂曾被家鄉的拿撒勒人棄絕；他們輕視祂，認為祂是木匠的兒子，不能有甚麼作為（太十三53-58；可六1-6）。連要跟從祂的門徒也輕視祂，說：「拿撒勒還能出甚麼好的嗎？」（約一46）尤有進者，當耶穌與猶太人討論神國的真理與亞伯拉罕的子孫時，猶太人竟冒出了一句：「我們不是從淫亂生的；我們只有一位父，就是上帝。」（約八41）

這句話的言外之意，應是諷刺基督是無父之子，因為馬利亞在懷孕時尚未與約瑟成親，按世俗的看法

是沒有父親，暗諷耶穌為私生子，對主備極污衊與褻瀆；凡此種種，均為對基督人格之謀殺。所以基督在遇難時，並不是受尊崇而就義，而是為人棄絕後才走上各各他的十架之路。基督於受難前夕，在大祭司的庭院中，與彼拉多的階下所受的笞刑；祂哀號於鞭笞的血雨橫飛之中，最後還要被行刑的兵丁們羞辱，在祂臉上吐唾沫，給祂戴上象徵王者的荊冠、披上紫袍，還「敬虔」地拜祂，極盡捉弄羞辱之能事。

基督來到世間是要拯救罪人，所以祂常與下層社會的人在一起，這也惹來法利賽人的輕視。由於基督常與下層社會的罪人與稅吏一同吃飯（太九10-11），當時宗教領袖們對基督所行之事，均不以為然，認為祂是一個傳統宗教的叛逆者、一個麻煩製造者。祂率領的門徒，也不遵守宗教的規則（並非摩西的誡命與律例，而是當時宗教界所訂對律法引申的釋義與潛規則）。所以，當時基督應是宗教領袖心目中想除之而後快的人物，因祂直接威脅到他們的事業與利益。

基督本是神的兒子，是到世上來拯救罪人的彌賽亞，卻為傳統的猶太教領導階層所不容，因祂處處違背宗教領袖們的潛規則。但宗教界的領袖在羅馬殖民

者的統治下，沒有行政權可以宰殺他們的仇敵，因此不得不假手羅馬政府，以反叛該撒的政治罪名，要彼拉多將祂處死，實在是極大的諷刺。（今日的教會，有時仍會沿用類似手法處治不同立場者。）當時的猶太人先謀殺了基督的人格，再交給羅馬政府在十字架上釘死了主的身體，但他們都無法也無能謀殺基督的靈魂。

基督的人格先被謀殺了，然後身體也被釘死亡了，主的靈魂下到了陰間（參路廿三43；徒二27、31），這就是基督的雙重死亡。

基督的靈魂在陰間待了三天才由死裡復活。人死後再復活，基督並非第一人，舊約時代的先知以利沙便能使死人復活（參王下四32-37），基督也曾叫死人復活（參約十一43-44），但這些死後又復活的人，後來又都再度死亡，不同於基督的復活。

基督的雙重復活

「死亡」，從第一亞當在伊甸園中，摘下禁果食用的那一剎那開始，便已堂而皇之的掌握了人類的命

大信若盲

運。自那一刻起，死亡會隨時出現在人左右，要奪去人的性命。當以賽亞看見耶和華上帝的衣裳時，便誠恐誠惶地嘆息道：「禍哉！我滅亡了！因為我是嘴唇不潔的人，又住在嘴唇不潔的民中，又因我眼見大君王萬軍之耶和華。」（賽六5）

死亡如影隨形，會威脅人的一生，最後人都要倒在它的勢權下。而死亡的原因便是人犯了罪，罪的代價就是死亡；人無法償還罪債，便永遠脫離不了死亡的威脅。其實以賽亞所說的：「我是嘴唇不潔的人」，是講他說的話不乾淨，口中會講一些不妥當或不文雅的語言，這種「小罪」實在太普遍了，人人都會觸犯。以賽亞下一句講的：「又住在嘴唇不潔的民中」，則是指社會上的公共罪，即罪惡的環境無人可以迴避，無人能夠自外於罪惡的大環境，所以才會是一個無可救藥的悲觀人生。

第二亞當的出現，正是為了解救人類罪惡的困境，要將全人類由罪惡死亡中拯救出來；而解決的唯一方案，就是祂自己要走上十字架，為人類的罪代死。基督在十字架上的死，便一次而永遠地付清了所有第一亞當後代的罪債（參來九27-28，十12）；人只

要接受了主的救恩，便不須害怕見神，如當年以賽亞那般惶恐了。

基督既在十架上為人類償付了一切罪債，第一亞當的後裔在基督的救恩之下，應可完全回復自由了。但死亡的威脅仍在，死亡的餘威仍強，這亙古以來的畏懼，難在一夕之間消除。因此，基督必須由死亡中復活，才可以將死亡的威脅徹底消除。而基督的復活，不同於一般人類的復活；基督的復活，首先完全否定了死亡，主由墳墓中復活後便不再死亡，而是永遠的復活（參約十一25-26）。

再者，基督的復活，並非只復活了原先死去的身體，而是將肉身在復活的過程中完全改變了。不單是形體的復活，更是體質的變化：是將朽壞的身體，復活改變成為不朽壞的身體；將羞辱的身體復活成為榮耀的身體；將軟弱的身體，復活成為強壯的身體；將血氣的身體，復活成為靈性的身體。基督的復活，是對人身體的大革命，將第一亞當留給人的屬地的身體，復活改變成為屬天的身體了（參林前十五43-49）。

現在人已不必再懼怕死亡，反而可以向死亡唱出

輓歌了：「死啊！你得勝的權勢在哪裏？死啊！你的毒鈎在哪裏？」（林前十五55）

向「死亡」宣告死亡，消弭了死亡對人類的控制與影響，是基督復活的第一要義。祂將人的地位，由地上提升到天上。基督在新天新地中為人創造了一個榮耀的地位，然而對仍活在世界上的信徒來說，復活還是需要盼望與期待的。

基督復活的第二重意義，是基督同時也復活了人的靈性與福音的大能；因基督的復活是偕聖靈的能力而來，祂為全球的人類開啟了嶄新的希望。

其實，基督復活導致死亡靠邊站，只不過是一種邊際效用，並非基督復活的主旨。基督復活的真正目的，是要打開福音的大門，向普世宣告福音的時代正式來臨。基督在釘十字架前，只是福音的預備階段，真正的救恩是由祂在十字架上完成了死亡後才開始。當主在十字架上宣告「成了！」（約十九30），便是指救恩的完成。而福音的啟動則是由主的復活之日才開始，與救恩福音同時來到的，是聖靈的時代。

基督復活後向門徒宣告：「但聖靈降臨在你們身上，你們就必得著能力，並要在耶路撒冷、猶太全

地，和撒馬利亞，直到地極，作我的見證。」（徒一8）接著又宣告了祂傳福音的大使命（參太廿八18-20），這才是基督復活的主題。隨之而至的，是門徒靈性的大復興。

當初主被捕時，遠遠跟著主到大祭司院中卻三次不認主的彼得，在主基督復活與五旬節聖靈降臨蒙受恩膏之後便判若兩人。他在昔日畏懼的官府當權者面前侃侃而談，為基督作出復活的見證，且以下獄為榮。最後根據教會傳說記載，彼得是倒釘在十字架上殉道；保羅最後也被斬首。這些前仆後繼以血為證的勇士們，都是由基督復活的大能中得到力量，面對死亡無所畏懼，他們視死亡為走向永生復活的踏板，門徒由畏懼死亡到視死亡如無物，都是基督復活大能的結果；這就是基督復活的第二要義。

基督復活了門徒的靈性，在人的身體尚未能變化成為靈體之前，使門徒的心靈先獲得復活的能量。能與復活的主同活，才是我們信仰基督的核心價值。

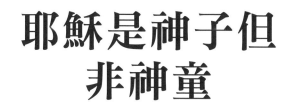

耶穌是神子但非神童

每年聖誕節，我們都要回到伯利恆的馬槽，與尋找彌賽亞救主的博士一同前去朝拜聖嬰，並記念耶穌道成肉身、誕生為人子的大事，再次感懷神讓其獨生愛子降世、為我們捨命的神蹟與救贖。

基督徒都承認教會認定的三大信經（「使徒信經」、「尼西亞信經」與「亞他那修信經」），接受耶穌基督神、人二性的信仰。但根據我們的習慣，多半在信仰內涵中傾向基督的神性，而忽略祂的人性。這與基督童年乃至初出去傳道時的情形正好相反。當時人只注重基督的人性，將祂看為一般的常人，不但藐視基督的神性，甚至還貶抑祂：「拿撒勒還能出甚麼好的嗎？」（約一46）基督在祂自己的家鄉還遭人輕視：「這不是那木匠嗎？不是馬利亞的兒子雅各、約西、猶大、西門的長兄嗎？……他們就厭棄他。」（可六3）這正應了約翰所說的：「他到自己的地方來，自己的人倒不接待他。」（約一11）

當基督完成了祂救世的任務，釘死、復活升天後，人們已確認基督為三位一體的神子；再回顧祂生前的歷史以及祂的童年，便自然而然地視祂的神格多於祂的人格，甚至將祂的童年也視為「神童」了。

於是對於基督的童年，人們演義出許多故事，聖經正典以外的「偽經」中就有許多記載：據說耶穌在三歲的時候，曾將一條醃乾的鹹魚放進一盆水裡，吩咐牠將鹽脫去，成為一條鮮魚，鹹魚立刻變成鮮魚在水中游動；另一次耶穌與兒童玩耍，將十二隻泥塑的鴿子變成活鴿，主一揮手，便即飛去；一次有兩條大蛇由洞中鑽出，同伴小孩都四散奔逃，但耶穌一聲命令，兩條蛇便停在馬利亞腳前不動；還有一次，耶穌竟能騎著一道斜射的陽光由房頂滑落下來等等，有趣卻荒誕不經的神話。

　　但查考聖經關於主童年的事，只有路加福音第二章有記載；「偽經」中關於耶穌兒時的種種傳說，均未列入正典。而且，根據約翰福音第二章中耶穌將水變酒的神蹟（約二1-11），經中清楚記錄著：「這是耶穌所行的頭一件神蹟，是在加利利的迦拿行的，顯出他的榮耀來；他的門徒就信他了。」（約二11）據此可以斷定，「偽經」所記載的「神蹟」應皆為訛傳，不過是後來人們對基督神格的反射，製造成一位「神童」罷了。

　　新約聖經中關於耶穌在襁褓中及童年的記載，

除馬太福音第二章記述有幾個東方博士朝拜聖嬰，馬利亞與約瑟被迫遠走埃及避難外，便是路加福音第二章記載耶穌在誕生八天之後，按猶太人的傳統施行割禮，並按摩西律法滿了潔淨的日子，遵照主的律法將頭生的男孩帶到耶路撒冷獻與主；又在耶穌十二歲的時候，帶祂到耶路撒冷去過逾越節。這一些記載都顯示，耶穌既生為猶太人的人子，一切都遵照摩西的律法行事，無所殞越，正如後來耶穌在約但河受施洗約翰洗禮時所說的：「我們理當這樣盡諸般的義」（太三15）。因為耶穌既道成肉身，「取了奴僕的形像，成為人的樣式；既有人的樣子，就自己卑微，存心順服，以至於死，且死在十字架上。」（腓二7-8）

聖經中惟一記載耶穌童年時的「異常」行為，是十二歲到耶路撒冷過逾越節時，一度走失三天，讓祂的父母焦慮擔心，再回到耶路撒冷尋找祂。找著時，卻發現耶穌仍待在聖殿裡，「坐在教師中間，一面聽，一面問」（路二46）；由此，說明耶穌兒時的熱心向學，也說明祂有著正常的學習過程，對律法與歷史，乃至語文（希伯來、亞蘭與希臘文）都是如此，並非生而知之，而是逐漸由學習中諳知。

在基督三十歲開始傳道工作之前，我們只能由路加記載的一句話中得知，即「耶穌的智慧和身量，並神和人喜愛他的心，都一齊增長」（路二52），說明耶穌雖然為神子，但並非神童。祂誕生為人子，由馬利亞十月懷胎，在馬廄中呱呱墜地，都循正常人自然生長、發育的時序，一步都未跳過，直到祂釘在十字架上，完成救贖大功。祂既屈尊成為人，便應隨著一般人成長的步驟與時程，不會在兒時成為「神童」。

由基督成長的循序漸進，恪守律法，排除一切神子的特權，克盡人子的責任與義務，青少年時也順從祂的養父與生母（參路二51）的種種行為，我們作為一個基督徒應該學習在屬靈的事上，不可冒進與跳躍，也應該循序漸進，與日俱增，不能一蹴而至。

保羅說過：「內心卻一天新似一天」（林後四16），信徒個人如此，教會的增長也應如此。

大信若盲

三代完人

「養天地正氣，法古今完人」是常常見到的聯句，我們也在歷史上塑造過不少「完人」。所有帝王在朝時，都為「完人」；但後來經過正史、野史等漫長時間淘篩的結果，他們不但不是完人，而且比常人的過失更多。今天甚至連聖人與國父都要還原為常人了；世間到底還有沒有完人，實在是一個可以討論的話題。

這個話題在歷史上沉寂許久之後，耶穌基督又重新提起，祂在論到誡命與律法時，將古人十分難守的誡律，再提升到人不可企及的更高層次，向門徒發出一個這樣的命令與挑戰：「你們要完全，像你們的天父完全一樣。」（太五48）

第一代原人：由完人到原罪人

圓顱方趾的人第一次出現在大地上，就是神按照祂自己的形像所造出的第一亞當（參創一26-27）。神造人所用的素材就是地上的泥土。曹雪芹創作之《紅樓夢》中的賈寶玉曾說：「男人是用泥做的骨肉」，可謂偶言而中，但人最主要的部分卻非泥土，

而是靈。

> 耶和華神用地上的塵土造人，將生氣吹在他
> 鼻孔裏，他就成了有靈的活人，名叫亞當。
>
> ——創二7

這就是宇宙中、人世間出現的第一個原人。上帝創造第一亞當的主要目的是要他「生養眾多，遍滿地面」（創一28）。而生養與繁衍非亞當一人所能完成，所以第一亞當並不完全，因此神為他另造了一個伴侶：

> 耶和華神使他沉睡，他就睡了；於是取下他
> 的一條肋骨，又把肉合起來。耶和華上帝就
> 用那人身上所取的肋骨造成一個女人，領她
> 到那人跟前。那人說：這是我骨中的骨，肉
> 中的肉，可以稱她為「女人」，因為她是從
> 「男人」身上取出來的。因此，人要離開父
> 母，與妻子連合，二人成為一體。
>
> ——創二21-24

所以第一亞當這個男人，必須再加上夏娃這個女人，二人連為一體，才是一個完整的原人。

人在被造之初，神將他們安置在伊甸園中，修理看守神的園子，這就是前亞當。在屬靈的意義上，他是完全人，因人尚未被罪玷染，完全符合神的形像。但他們在伊甸的時代並沒有完成神交付他的任務──「生養眾多，遍滿地面」，直到第一亞當犯罪被逐出樂園後，才開始傳承的使命，這應為後亞當時代。

亞當在傳承後裔的同時，也將原罪向下傳承，所以大衛在詩篇中才會說：「我是在罪孽裏生的，在我母親懷胎的時候就有了罪。」（詩五一5）後亞當在傳承原罪時，已不再是完全人，而為罪人。從第一亞當以降，到第二亞當耶穌基督降世前，皆為恩典的預備時期，就是人由完全到不完全，等待成為完全人的時期。

完人的高標準太沉重

「古今完人」有不同的定義；歷史上的偉人，由於他們建立了不世功業，後人對其崇敬景仰，而稱之

為完人。有人在學術道德上建立了典範與高風亮節，後世也稱之為完人，以示仰慕。此類「完人」，多半是後人追諡的頭銜，尊敬多於實質，成為一種善意的誄詞。但後來也發現，這些稱為完人的人，都有許多缺失，或隱蔽不為人知的醜聞，應都不符合完人的標準。

一位幽默作家說：「所謂完人，其實就是已經完了的人。」語涉詼諧，卻是實情；因為人犯罪以後，生而具有原罪，第一亞當的後裔無一人完全，都是罪人，如經上說：「這就如罪是從一人入了世界，死又是從罪來的；於是死就臨到眾人，因為眾人都犯了罪。」（羅五12）

聖經舊約中的許多典範人物，上帝只點名挪亞為完全人（參創六9）。挪亞在某種意義上是人類的另一位始祖，因上帝用洪水滅了那個罪惡的時代（參創六12-13），只留下方舟中挪亞一家八口，開始另一個世代的傳承。

上帝並與挪亞以彩虹立約（參創九12-17），這是神與人類所訂立的第一個約。挪亞以後聖經中鮮有完人出現，「完全人」遂成為一個神勉勵人、人也追

求的目標。上帝多次期許以色列人要作完全人（參創十七1；申十八13）。大衛王一度作過完全人（參撒下廿二24；詩十八23），但旋即觸犯了神的律法，而陷入罪中（撒母耳記下十一章），成為完全的罪人。

舊約聖經中另外有一位人物約伯，「**完全正直，敬畏上帝，遠離惡事**」（伯一1），但約伯在試煉中，也一度失喪心志，且抱怨神將完全人與惡人一同滅絕（參伯九20-22）。可見在神面前成為完全人，幾乎是不可能的。雖然舊約中仍有兩位指標性的完人，一位是與神同行三百年的以諾（參創五21-24）。以諾與神同行，聖經中並未詳細記載其行誼，只提到在他與神同行的同時也「生兒育女」，度一般常人的生活（並非天天只祈禱，靈修過日子），在平凡中見其偉大，古今足式。

另一位則是驚天動地的大先知以利亞，其信仰行誼震撼古今，他因亞哈王拜巴力，便禱告上帝，求上帝三年零六個月不下雨；當面指責亞哈王，不畏權勢，並在迦密山上殺了四百五十個巴力先知。他再祈禱，天便降雨（參列王紀上十八章）。但這位大先知也有軟弱的時候，王后耶洗別要追殺他，他便逃上何

烈山，並向神發言抱怨（參列王紀上十九章）。最後以利亞完成了階段性的任務，神便以火車火馬接他升天而去（參王下二11-12）。以利亞不平凡的一生，讓我們在驚嘆聲中看得目瞪口呆。

第二代真正的完人：道成肉身的基督

第一代完人亞當犯罪離開樂園之後，人類便進入了恩典預備時期，等待救世主誕生。終於時候滿足，道成肉身的耶穌基督誕生了，祂藉童女馬利亞生為人子，正式開啟了恩典時代。基督就是人類中第二代的真正完人。基督是生而非受造，藉第一亞當的後裔成就肉身，卻未傳承其原罪，所以第二亞當是人類的第二代完人。

第二代完人之完全的標準，不僅未降格且有提昇，祂為人定下的目標是：「**要完全，像你們的天父完全一樣。**」（太五48）舊約時代的人要在外表上守住神的誡命與律例已經不易，大衛雖一度接近完人，但終究跌倒成為罪人。但第二亞當基督對律法有更嚴格的要求，除外在的行為，還要在內心全守律法（參

太五27-32），這根本是雙重的不可能。基督對愛的詮釋也一反古人「要愛鄰舍而恨仇敵」的傳統，祂主張要愛仇敵。基督的超高標準真是強人所難，無人可及。

曾有一位少年人向耶穌求問永生之道，主告以「你若要進入永生，就當遵守誡命」；主並向他歷數誡命的種種，少年居然說這一切他都遵守了。若按舊約的標準，他已經是一個完全人，但主另給他一個新的挑戰：「你若願意作完全人，可去變賣你所有的，分給窮人，就必有財寶在天上；你還要來跟從我。」主在前面所講的是愛的落實，後面講的「要跟從祂」，卻是犧牲。基督對完全人的標準不單要在心裡遵守，更要以行動實現，還要背起十字架跟從主，這些要求都太沉重，都是不可能的任務。

在基督締造的恩典時代中，人要憑一己之力達到完全人的境界，絕無可能。

第三代完人（新人）：蒙恩的罪人

使徒保羅也殷殷期盼哥林多信徒能作完全人（參

林後十三9-11；腓三15），本來第一代完人亞當犯罪後被逐出伊甸，完人的夢便已經完了。所以人在前恩典時期，要靠在神前獻上贖罪祭、贖愆祭等以求赦免。但基本上這些獻祭並不能真的贖罪，獻牛羊等祭物的罪債都已記在耶穌的十字架上，他們是預支了基督的恩典，由基督一次在十字架上結算付清（參來十1-18）。

那麼，後恩典時代（基督釘死復活之後）的信徒還能作完全人嗎？能。但後恩典時期的受益者，不叫完全人，是新造的人（參林後五17；加六15）。在後恩典時期，人進入了一個嶄新的境界，基督將律法的要求提得更高不可及，舊約時代的「完全人」也早已不存在了。人無法靠守律法得救，人只能憑神的恩典與基督的十字架才可存活。一切在律法之下被定了罪的人，都與基督一同在十字架上死了，也與基督一同復活了。如今人活著是在基督裡存活（參加二20），所以活在我們裡面的，不是舊人而是新人（參弗二15）。人已在基督裡將心志改換一新，這新人是照著上帝的形像造的，有真理的仁義和聖潔（參弗四20-24；西三10）。

在基督裡的新人，其實就是蒙恩的罪人，這些在後恩典時代被基督寶血所贖回來的人，都成為完人與新人，也都是在基督寶血裡再造的完全人。

「所見的」和
「所不見的」

原來我們不是顧念所見的，乃是顧念所不見的；因為所見的是暫時的，所不見的是永遠的。

——林後四18

保羅這句話應是對一切目盲者最大的慰藉，如美國聾盲教育家海倫凱勒（Helen Keller）等，也是給予所有雙目逐漸失明如我者的鼓勵與安慰。

眼睛是神賜給人最大的恩賜，嬰兒張開雙目便能看見這個美麗的世界，五彩繽紛、萬紫千紅，盡收眼底。人之雙目雖不如某些動物，可以看到極細微的事物，但人卻能藉顯微鏡看到同樣的東西；人的眼睛雖不如鷹眼，可由高空看到極小的獵物，但憑藉望遠鏡，卻可以看到宇宙中肉眼看不到的天體……。不過，盲者卻失去了這個權利。

過往雲煙的「所見」

人在年邁，器官逐漸失去功能時，用眼睛觀察的機會也隨之減退，這實在是令人遺憾。不過保羅

（他寫作哥林多書信時，雖已漸入暮年，但應該尚未到髮蒼蒼、視盲盲的衰齡），卻為耆老提供另一種看見的蹊徑。保羅在這裡提到的「看見」有兩種：一是用肉眼「暫時的」看見，另一種則是用心靈的眼睛對靈性境界的「看見」；前者為暫時的（在時空中的事物），後者則是永遠的（時空以外，屬天的境界）。

人的一生多半都顧念「所見的」現實世界，功名利祿、生老病死都在其中。在這個世界上打拚到老，身體上的器官逐漸毀壞，眼睛多半不堪使用時，才領悟到所經歷的一切都為過眼雲煙，如詩人摩西所說的：

> 我們經過的日子都在你震怒之下；我們度盡
> 的年歲好像一聲歎息……其中所矜誇的不過
> 是勞苦愁煩，轉眼成空，我們便如飛而去。
>
> ——詩九十9-10

當人看盡浮華世界，經歷過人世滄桑之後，便會將眼界抬高，看得遠些；但這種「看」不是用肉眼看，而是用經驗與智慧作出的觀察，多半以歷史為

鏡，即所謂藉古鑒今，或以人為鏡的他山之石，作為自己的鑑戒。這種「看見」雖稍稍推遠了一些，但境界仍然有限，還是在時空中打轉，並非保羅所說的「看見」。保羅要我們看的是時空以外屬靈的天上境界，也就是他說的「永遠的」所在。

「所不見」的永遠

保羅要我們顧念肉眼所不能見、永遠的榮耀，也並非一蹴可及，而為循序漸進，就是他說的「一天新似一天」。仍要隨著世上的歲月一同增進，但這種增長是內心與靈性的，並非肉眼可見的外觀。肉眼所能見到的則為「外體的毀壞」，而這種毀壞會帶來肉體的苦楚，也是必須要面對與承受的。

保羅提到的「所見的」與「所不見的」，是兩個完全不同的世界。我們眼所能見的是物質世界，是我們最熟悉的生活圈子，當我們在這個世界生活久了，由經驗中便能看出未來的種種，即所謂高瞻遠矚；然而，仍舊是在這個世界上，限於眼睛所看見的範圍，只是用推理與想像去測知未來而已。

至於保羅所說另一個完全不同的世界，我們的肉眼從未見過，連想像都無法想像；約翰雖為我們畫了一幅新天新地新耶路撒冷藍圖（參啟示錄廿一章），使我們可以憧憬與希望，但他所繪製的圖畫，仍是以我們在這個世界中熟悉的東西為素材，因為捨此我們無法建構成這個畫面，無法從無中生有。

　　保羅告訴了我們兩個關鍵字：「暫時的」與「永遠的」；暫時的是所見的世界，永遠的是未見的世界。他用時間的觀念將這兩種境界作出明顯區隔。易言之，即一個是在時空中，另一個則不在時空中。「永遠」雖也只是一個時態，但顯然這個時態的具體觀念無法憑空建構，因它不是時空中已存在的觀念。

　　關於「看見的」與「看不見的」這兩種境界，也許可以借王國維《人間詞話》的觀點加以說明。王國維將境界分為「有我」（無境界）與「無我」（有境界）兩種：「淚眼問花花不語，亂紅飛過秋千去」、「可堪孤館閉春寒，杜鵑聲裡斜陽暮」，有我之境也。「采菊東籬下，悠然見南山」、「寒波澹澹起，白鳥悠悠下」，無我之境也。又說：「無我之境，人惟於靜中得之。」

王國維的「無我」或「有境界」應為保羅所說「看不見的」，都為兩種境界。王國維是在談文藝心理學，保羅卻是在講身體與心靈的變化。按理，受造的人根本無法脫離時空而存在，人之身體為最大羈絆，人要超越自己的身體是不可能的任務。基督徒雖時刻提醒自己要以天上的事為念（參西三2），但所有的思維與感受，還是由時空中的身體出發，而且不時在善惡兩律中掙扎徘徊（參羅馬書七章），直到外體日漸敗壞，時空的牽絆減少了，心靈的境界才會日漸提昇，可以由「看見的」（暫時的），逐漸提升到「看不見的」（永遠的）。

以心靈之眼看見永恆未來

　　人由身體產生的思維與意識，境界再高，多半還是「暫時的」，只有完全棄絕肉體的影響，人方能提昇到「看不見的」永遠的境界；在這方面，保羅啟示我們，人的外體與內心是背道而馳的。保羅晚年已達到了這種境界，他作見證說：

大信若盲

我認得一個在基督裏的人，他前十四年被提
到第三層天上去；（或在身內，我不知道；
或在身外，我也不知道；只有上帝知道。）
我認得這人；（或在身內，或在身外，我都
不知道，只有上帝知道。）他被提到樂園
裏，聽見隱祕的言語，是人不可說的。

——林後十二2-4

以色列人的第三代族長雅各，是聖經中一個明
顯從「看見的」到「看不見的」活生生見證。雅各由
幼年到壯年，都是在看得見的、世界的產業與私慾中
搏鬥。雅各以狡獪詐欺名於世，為了博取父親以撒的
祝福，不惜欺騙父兄；後來又欺騙舅父。他在「看見
的」世界上縱橫一世，但換來的卻是悲慘老境，他的
眾子都欺騙了他。但由晚年開始，雅各那個看得見的
名字便已廢棄，神給他另起了一個新名「以色列」
（創卅二28）。

雅各用心靈的眼睛便能看見永恆的未來，以色
列終年一百十一歲，他離世前為眾子祝福（參創世記
四九章），為日後的以色列國畫出一幅十分清晰的版

圖。數百年以後，以色列人由埃及歸回迦南，在巴勒斯坦這塊應許之地上建國，其後十二支派的發展均按照以色列當初的祝福落實，甚至連救贖主基督由猶大支派出世，也在他的預言之中（參創四九8-10）。

　　人的一生都像雅各一樣，會由「看見的、暫時的」，過度到「看不見的、永遠的」；這便是人生命的全部歷程，我們應該檢討與深思。

見證信心

大信若盲

由一個孩子
童話般的夢說起

一個童話般可愛的夢，改變了約瑟的一生。他先被賣為奴，再因替埃及法老王解夢而登上宰相寶座，從而由一個以色列家族變成希伯來民族，並陷入四百年作埃及奴隸的慘痛歷史，再掀起摩西領以色列人出埃及的高潮，與四十年在曠野中接受宗教教育改造的歷練。早期的希伯來歷史，便這樣由一個孩子的夢開始，逐漸鋪展開了全人類蒙恩得救的藍圖。

一位舊約歷史中最可愛的人物

　　自小時候聽主日學老師講聖經故事開始，我便對舊約人物中約瑟傳奇性的一生產生濃厚興趣且喜愛上這個人物，並對其遭遇寄予深切同情。

　　我覺得舊約人物自亞伯拉罕以降的各位族長中，約瑟的為人最受人欽佩。在創世記諸多人物裡，作者對約瑟的著墨最多，形象刻畫也最為細膩與突出。創世記作者以磅礡大筆，將上帝創造的天地萬物與人類，僅用幾百字簡約扼要的陳述；但對約瑟的故事，卻由創世記卅七章至五十章，以十三章的篇幅詳盡記載、娓娓道來，構成一篇文情並茂的短篇小說。閱讀

時，你會不由自主關心情節的發展，為約瑟純摯可愛的童心而感動，為他不公平的遭遇而擔心，為他陷入困境而焦慮，又為他最後終於能再與父兄相聚而高興，並一掬同情之淚。

約瑟的家庭背景

約瑟是亞伯拉罕家族中最正直、最有理想的人物，不但他父兄不及他人格的光明磊落、仁慈寬厚，甚至連祖父亞伯拉罕也不能與他相提並論，因亞氏也一度因權宜而撒過謊。但約瑟的生平卻如光風霽月，以色列的十二個兒子中，除約瑟以外均乏善可陳。

雅各有妻妾四人，約瑟為其最鍾愛的拉結所生（拉結另一個兒子為便雅憫）。雅各一生為人權變狡詐，但在經歷諸多挫折變故後，年邁時已悔改向善，但晚境卻很悲涼，妻妾先後亡故，他最疼愛的幼子約瑟又為他的哥哥們賣到埃及為奴，並向父親謊稱為野獸撕裂，嚴重打擊了這位老人，晚年在以淚洗面中度過，似為其青壯年時的罪愆付上了代價。

雅各生平做過的許多錯事中，最致命的是偏愛小

兒子約瑟，因而引發其他兒子的嫉忌，使約瑟的性命幾乎不保。但雅各疼愛約瑟是可以諒解的，因約瑟自幼天真、純樸、友善且無心機，他的幾個哥哥們卻多半陰險、狡詐，如狼似虎。約瑟自童年便被賣為奴，遠走埃及，開創了另一種命運，也改寫了整個以色列的民族史。但也使亞伯拉罕的後代在異邦度過數百年痛苦奴隸的歲月，思之令人唏噓浩嘆。

約瑟因夢賈禍

　　約瑟是個喜歡作夢的孩子，一生與夢有不解之緣，他因夢賈禍，也因夢得福。在這方面，他也多少傳承了父親雅各的衣缽；雅各早年亡命哈蘭途中，在荒野中枕石而眠，便作了一個夢，夢見一個梯子立在地上，梯的上端頂著天，有上帝的使者在梯子，上去下來。梯子上面是耶和華上帝，神再向雅各重複向他列祖所立之約：「地上的萬族，必因你和你的後裔得福。」雅各醒來後，心生畏懼，認為此處為神的殿與天的門，遂將其所枕之石上澆了油，並將該地命名為伯特利，許願要將立為柱子的石頭，作為上帝的殿

（創廿八10-22）。

　　約瑟是雅各最鍾愛的兒子，雖承襲雅各作夢的遺傳，但約瑟作的夢卻充滿了童話般的趣味。他夢見在田裡捆禾稼，哥哥們的禾捆向約瑟的禾捆下拜，這個夢使哥哥們對他十分惱怒；尤有進者，約瑟還夢見太陽、月亮與十一個星星向自己下拜，這下子連父親雅各也不高興了，因而責備約瑟：「你作的這是甚麼夢，難道我和你的母親，你弟兄果然要來俯伏在地向你下拜嗎？」

　　約瑟不但作夢得罪哥哥，並且還喜歡向父親打小報告，報告哥哥們的惡行，使哥哥們對約瑟恨之入骨，甚至想將他置於死地。約瑟的哥哥們終於找到機會，當他們在外放牧，雅各差約瑟去看望他們時，便謀算殺害約瑟，後來經猶大勸說才改變主意，將約瑟賣給了往埃及去的以實瑪利商人。從此，約瑟由一個嬌生慣養、在父親膝下承歡的嬌兒，一變而為異國的奴隸。

　　兒時的美夢破滅了，從此開展了他傳奇的一生。約瑟幸運地被賣到法老的內臣波提乏家中為奴，因神與他同在，故百事順利，頗獲主人寵信，波提乏除了

自己的妻子外，家政全交約瑟打理。由於約瑟是一個美少年，波氏妻子想勾引約瑟成姦，卻為約瑟拒絕，波妻惱羞成怒反誣陷約瑟，約瑟遂被收進監中。約瑟因作夢賈禍，更由為奴而成囚，陷於生命的最低潮，但也成為約瑟登上生命高峯的契機。

因解夢而獲宰相高位

約瑟一生與夢有關，在監中巧遇法老近臣酒政與膳長，二人各獲異夢，皆為約瑟解中。後來膳長被斬首，而酒政再獲法老重用，但卻忘了約瑟，直到法老也為異夢所困，酒政才想起獄中的難友約瑟，並舉薦約瑟為法老解夢，因而開展約瑟輝煌的一生。

法老得了兩個異夢，第一個是夢見自己站在河邊，有七頭美好、肥壯的母牛由河裡上來，隨後又有七隻既醜陋又乾瘦的母牛也由河中上來。這七隻乾瘦的母牛，吞盡了那七隻美好而肥壯的母牛。第二個是夢見一棵麥子，結了七個肥大佳美的穗子，隨後又結了七個細弱的穗子，但這細弱的穗子卻吞食了肥大飽滿的穗子。

舉國術士、博士都不能為他這兩個怪夢解惑，經由酒政舉薦，在獄中找到解夢專家約瑟。約瑟不單為法老解決了夢象的困惑，告訴法老二夢涵義，即埃及將有七個大豐收的好年，但隨即要面臨七個饑荒的凶年，而這七個荒年，將耗盡七個豐年的收穫。並向法老作出政策性的建議，應在七個豐年時征集糧穀收成的五分之一，聚斂屯積，以應付未來的七個荒年。

　　約瑟終於時來運轉，深獲法老寵信，被立為宰相。法老對約瑟說：「上帝既將這事都指示你，可見沒有人像你這樣有聰明、有智慧。你可以掌管我的家，我的民都必聽從你的話，惟獨在寶座上我比你大。」法老並摘下手上打印的戒指，戴在約瑟手上，給他穿上細麻布衣，又把金鍊戴在他的頸項上，並讓約瑟坐他的副車，喝道的在前向行人呼叫說「跪下」。法老派他治理埃及全地。約瑟可說是由一夢肇禍，又解夢得福，一步登天，成了全埃及一人之下，萬人之上的顯赫人物，這都是因作夢與解夢所致。

約瑟的哥哥們入埃及買糧

　　約瑟解夢傳奇的另一高潮發生在七個荒年的時候當時中東各國都遭大饑荒，災民遍野。饑荒迫使約瑟的哥哥們唧父命，往埃及買糧，促成了約瑟與失散家人的重聚。創世記的作者用十分細膩的筆觸，以極豐富帶情感的筆鋒，詳細描述了約瑟與父兄們相聚的經過。

　　約瑟的哥哥們到埃及來買糧，約瑟立刻認出當年出賣他、甚至要殺害他的哥哥們，卻裝作不認識。約瑟想起當初那引發哥哥們嫉忌的兒時舊夢，便斥責他們是奸細，藉買糧來刺探虛實。約瑟的哥哥們力辯自己的無辜，並告訴約瑟，他們十二個兄弟，有一人不在了（即約瑟），尚有一個小兄弟留在父親身邊。約瑟先將哥哥們以奸細嫌疑人囚禁三天，然後要他們推舉一人為人質，其餘可以回迦南去，將小兄弟便雅憫帶來以驗證所言為實。在庭上，約瑟操埃及官話審訊，由通事傳譯。流便弟兄們互以希伯來語彼此抱怨，互指當初不該陷害兄弟，以致有今日追討兄弟流血的罪責。希伯來話為約瑟的母語，他聽了以後，大

受感動。約瑟到底心腸軟，作者記述：「約瑟轉身退去，哭了一場。」描述極為動人。

約瑟的哥哥們推出西緬為人質，其餘的人便被斥回迦南。他們回到迦南後，才發現在埃及買糧用的銀子竟原封不動出現在糧袋中；而他們的父親以色列對於兒子們的陳述並不採信，並抱怨：「你們使我喪失我的兒子，約瑟沒有了，西緬也沒有了，你們又要將便雅憫帶去，這些事都歸到我身上了！」流便遂以自己兩個兒子的性命向父親保證，但以色列仍不答應，並表示：「我的兒子不可與你們一同下去，他哥哥死了，只剩下他；他若在你們所行的路上遇害，那便是你們使我白髮蒼蒼，悲悲慘慘地下陰間去了！」

但由埃及買來的糧卻吃盡了。

以色列家必須要再赴埃及買糧，而再去買糧的要件，卻是必須要攜約瑟的弟弟便雅憫同行。大兒子流便原先未能說服父親，這次再由猶大上場，猶大便保證如不將便雅憫帶回，要永遠擔罪。由於糧盡無以為繼，以色列也只好認了，並要他們攜帶迦南的土產，乳香、蜂蜜、香料、沒藥、榧子、杏仁等作為禮物，獻給埃及宰相，又千叮嚀萬囑咐要將西緬與便雅憫帶

回。以色列孤注一擲，沉痛地說：「我若喪了兒子，就喪了吧！」

約瑟與兄弟們相認

約瑟終於見到了同母的胞弟便雅憫。

約瑟為兄弟們設宴款待、備極禮遇，反而引起他們的不安。約瑟是一個十分重感情的人，當他看到弟弟時，情緒非常激動，「就急忙尋找可哭之地，進入自己的屋裡，哭了一場」。席間，按其兄弟之長幼安排座位，引起哥哥們的詫異與不安。布菜時，分給便雅憫的比他人的多了五倍，手足之情，表露無遺。

當約瑟的兄弟們宴畢踏上歸途時，約瑟將一只銀杯藏入便雅憫的糧袋中，欲藉故將弟弟留下。此一舉措，導致哥哥們的震驚與絕望。

由於猶大曾向父親保證一定會將便雅憫帶回，猶大便向約瑟激動陳情說：「我父親的命運與這童子的命運相連，如今我回到你僕人我父親那裡，若沒有童子與我們同在，我們的父親見沒有童子，他就必死……；若童子不和我同去，我怎能見到我父親

呢?恐怕我看見災禍臨到我父親身上!」(參創四四 30-34)他這一番陳情果然打動約瑟的心,他再也無法矜持,便斥退外人,與兄弟相認,約瑟終於可以放聲大哭,他的哭聲甚至傳入法老的宮庭。

當約瑟向哥哥們查問:「我是約瑟,我的父親還在嗎?」他的兄長們面面相覷,都愣在那裡,惶恐且震驚,一時說不出話來。心地忠厚的約瑟為要讓哥哥們心中減少愧疚,反而安慰他們,為他們的罪行解套:「不要因為把我賣到這裡自憂自恨,這是上帝差我在你們以先來,為要保全生命。這樣看來,差我到這邊來的不是你們,乃是上帝。」並與弟弟便雅憫抱頭痛哭。約瑟實在是一個至情至性的人,其品德不但超越了他的哥哥們;在以色列家族中,也十分罕見。

以色列全家進埃及

以色列全家七十人,終於全數移居到埃及避饑荒,住進歌珊。行前,上帝再向以色列作出保證。夜間,上帝在異象中對以色列說:「雅各,雅各,我是上帝,就是你父親的上帝。你下埃及去,不要害怕,

因為我必使你在那裡成為大族，我要和你同下埃及去，也必定帶你上來，約瑟必給你送終。」

　　雅各在埃及住了十七年，死前叮囑約瑟要將遺體歸葬在迦南的祖墳。雅各的遺體經埃及醫生薰製，成為以色列家族中第一個木乃伊。法老派軍兵護送喪儀隊回到迦南亞達的禾場，將雅各葬於麥比拉洞中，完成了雅各最後心願。

　　約瑟的哥哥們當年壞事做盡，聯手出賣胞弟。個性忠厚的約瑟雖不介意，但他哥哥們卻都懷著鬼胎，害怕弟弟會在父喪後予以報復，便派人向約瑟說情，盼約瑟能饒恕他們的過錯與罪惡。約瑟聽見便哭了，說：「不要害怕，我豈能代替上帝呢？從前你們的意思是要害我，但上帝的意思原是好的，要保全許多人的性命，成就今日的光景。」

以色列十二支派的形成

　　雅各幼年便工於心計，一生在詭詐中討生活，老年卻在「喪子」的悲慟中度過最悲苦的歲月。但他在經歷過諸多苦難的淬鍊後，卻能達到靈性的高峯，由

大信若盲

他最後為十二個兒子的祝福中可以看出，是上帝藉他的口所發出的預言。因為由以色列以降的十二個支派的禍福與命運，在此後的漫長歲月中均按照以色列的祝福一一落實應驗，絲毫不爽。

由雅各給十二個兒子的祝福中，也可以看出他對每一個兒子的性格知之甚詳，可謂知子莫若父，在他的祝福中，以色列的十二個支派已隱然成形。諸子中猶大得的祝福最為獨特：「圭必不離猶大，杖必不離他兩腳之間」，已描繪出君王的架勢。日後大衛便出此支派，耶穌基督亦出此同一系統。

約瑟之夢的餘緒

創世記的作者在整卷書中，多半採用報告文學的敘事手法，用筆簡潔扼要，許多大事都一筆帶過。惟獨對約瑟作夢的描述，卻不厭其詳，不惜許多筆墨，以創世記五分之一的篇幅，詳細描摹約瑟的夢與其遭遇，可見作者對約瑟情有獨鍾，是全部聖經中記載個人傳記最深刻、最詳盡的一位。

在約瑟的故事中，與兄弟相認的情節特別突顯

約瑟情感的豐沛與真摯。聖經中有五處記載他忍不住內心激動而哭泣，甚至要急忙退到內屋去痛哭（參創四二24，四三30）；等到正式相認時，他更放聲大慟，聲震屋宇，連埃及人及法老的家人都聽見了（參創四五2），並伏在便雅憫的頸項上痛哭（參四五14）；最後，當哥哥們怕約瑟會向他們報復，派人向約瑟說情時，約瑟聽到又哭了（參創五十17）。

約瑟有一顆溫柔謙卑、充滿悲憫的愛心，易於受感流淚，頗像耶穌基督。當主看到他摯友拉撒路死亡，便淚流衣襟（參約十一35）；耶穌在離世前看到日後將毀的耶路撒冷，預見人們將遭遇的劫難，便為全城的人而哀哭（參路十九41）。約瑟一人遭難使全家獲救，正象徵基督的犧牲與救世。而約瑟哥哥們的自私、狡詐與仇恨，也象徵世人在撒但控制下顯出的陰暗面目。

有人說，新約路加福音第十五章中記載的浪子故事是最佳的短篇小說，但也只能算是「極短篇」；創世記記載的約瑟的故事，才是聖經中最佳的短篇小說。約瑟故事的情節高潮迭起，整個故事跌宕起伏，對人性的刻劃、心理的描寫，均有獨到之處。約瑟的

遭遇及其性情，不但能博人同情，更能賺人眼淚。

　　作者在原本可以發展成為長篇的故事架構中，濃縮成兩萬字的短篇，讓人讀了蕩氣迴腸，感動不已，實為不可多得的佳構。

　　作者由一個孩子童話般的夢境，穿鑿牽引出整個故事，而這個夢也牽動著整個以色列民族的命運。由雅各全家到埃及，並在埃及度過了漫長四個世紀的奴隸生涯，再由摩西帶領離開埃及，又經過曠野四十年的艱苦歷練，才回到迦南。而約瑟之夢的餘緒，卻要等到數千年後的基督在十字架上濺血，才凝結為最終的結局，使希伯來民族，乃至全人類的靈魂，都得到甦醒。

　　當初由亞伯拉罕開始便懷有的一個夢想——人類所羨慕的一個更美的家鄉，及那座更美的聖城（參來十一12-16），此一美夢，也會逐漸落實成真。這全都是由這個孩子的夢，逐漸鋪陳出神愛世人與十架救世的藍圖。

大信若盲

「回想」還是
「回眸」？

回眸一瞥百鈉生
死海鹽柱鑑古今

耶穌傳道時提到的幾個舊約人物中，特別列舉死海之濱的悲劇女主角；說：「你們要回想羅得的妻子！」（路十七32）主要我們回想甚麼呢？今天到聖地去訪問的信徒們，看到了屹立在死海旁邊的那座鹽柱了嗎？鹽柱的前身，便是主耶穌要我們回想的對象，羅得的妻子。

唐詩人白居易〈長恨歌〉中有句：

回眸一笑百媚生，
六宮粉黛無顏色。

根據羅得妻子的故事，可以改為：

回眸一瞥百鈉（鹽）生，
死海鹽柱鑑古今。

回想羅得的妻子

　　當年天使拉著羅得與他妻子並兩個女兒的手，倉皇由所多瑪城逃出。到了城外，天使警告他們：「逃命吧！不可回頭看，也不可在平原地站住；要往山上逃跑，免得你們被剿滅！」但這一家在倉皇逃命途中，羅得的妻子想到所多瑪城中有許多產業與親友，便忍不住回眸一顧，便成為一座鹽柱（參創十九15-26）。這座鹽柱今天還孤立在死海旁邊（死海相傳即為天災焚毀的罪惡之城，所得瑪與蛾摩拉舊址），無聲地向世人訴說當年天火焚城的故事，讓世人看了觸目驚心。

　　這個罪惡之城主要的大罪，乃是同性戀；今日，這種罪行已漫延全球，但目前好像已被「平反」了。世界上許多大城市，每年都有同性戀者大搖大擺、爭奇鬥艷地遊行，要爭取權益，要求合法婚姻；更不堪的是如今許多大宗派教會團體也都接納同性戀者為會員，甚至還讓同性戀者擔任教會的領袖與聖職，真不知今夕何夕？難道這是神要再以天火焚毀世界的前兆嗎？

讓我們再聽聽耶穌在兩千年前，向當時的世代所發出的警告：「你們要回想羅得的妻子！」

　　今天在網上大談「世界大趨勢」的一些大師們，關注的多為經濟議題；自兩千多年前基督在耶路撒冷發出第一次災難警訊以來，並沒有多少人留心，大家都不當回事。全世界的人所聚焦的都是切身生活問題，沒有人關心世界末日。

從歷史汲取教訓

　　德哲黑格爾的判斷無誤，人類永遠學不會由歷史中汲取教訓。主提到歷史上的一些例證，除天火焚毀所多瑪以外，更早的則為挪亞時代的洪水滅世。在這兩次大災難中，神都預先警告世人要悔改、離開惡行，但當時之人也都置若罔聞，同樣「又吃又喝，又嫁又娶，又買又賣，又耕種又蓋造」；等到洪水瞬間捲至，頃刻間天火烈焰驟降，大家便全都滅亡了。

　　今天大趨勢預言者們所討論的內容，無論是日本的大前研一（Ohmae Kenichi, 1943-），或美國的奈思比（John Naisbitt, 1929-）；所聚焦都是為未來一、

二十年的世界經濟發展，市場就是他們的視野。大師們並無真知遠見，仍走不出挪亞與所多瑪時代的生活圈子。

基督曾向當時的耶路撒冷發出警告，說：「巴不得你在這日子知道關係你平安的事！」（路十九42）當時的耶路撒冷人關心主的建言了嗎？沒有。他們所關心的，是要將耶穌釘死在十字架上。「釘他十字架！釘他十字架！」（約十九6；太廿七23）喊得山響。但主升天後才四十年，基督的警語已經應驗，耶路撒冷被羅馬重兵圍困三年，城破之日，耶路撒冷的人（其中不少人曾聽過主的警告）多半都遇難死了，殘餘的婦孺也被流放千萬里以外，永遠被逐出家園。

今天，主又語重心長地向我們這個世代發出警訊：「你們要回想羅得的妻子！」

一念之間

我們是否正如羅得妻子當年回眸，心中牽絆著的還是情欲與財寶？抑或能換一個角度「回想」當時羅得妻子的危險處境，而感同身受？我們要服膺主的訓

勉，作世上的鹽（參太五13），犧牲自己，背起十字架來跟從主；還是仍要緊隨羅得妻子的腳步，成為另一座被棄置在死海旁邊的鹽柱？

　　作鹽或是作鹽柱？這是一個嚴肅的生與死的抉擇；回眸或回想，都在你我的一念之間。

勸與罰

華人教會中，現在用作佈道的單張小冊，歷史悠久，是基督教文字工作中的尖兵，有傳揚福音之效能。以中文印刷之第一本單張小冊，早在1832年（清道光十二年），即已出版。它是中國第一位牧師梁發所編著的《勸世良言》聖經讀本。包括一系列九本小冊，是由馬禮遜牧師校訂付印的。主要是發給考場中當時應考的士子們閱讀，也是中國教會最早的學生文宣事工。

勸世良言勸信主

這些小冊究竟引導了多少人信主，已無法考證，但最顯著的「效果」，是這套小冊引導了屢考不中的洪秀全信了主。並由在香港傳道的德國傳教士郭士立為其施洗，正式成為基督徒。後來洪氏也著作了不少佈道小冊，傳揚福音。據說他著的「宗教戒律」，「道理純正，禱文亦佳」。洪秀全後來還在太平天國印行了《郭士立譯本》的聖經（舊約稱「舊遺詔聖書」，新約稱「新遺詔聖書」）。梁發牧師著作的《勸世良言》內容為純正基督教信仰；但洪氏後來的

太平天國信仰，已完全脫離聖經真理，成為異端，釀成太平天國之亂，歷時十五年，遍及全國十七省，應為梁發牧師撰寫《勸世良言》時，始料未及。

自梁發撰寫了第一分佈道小冊到如今，已將近兩百年。其間教會及個人出版的文宣何止萬千，雖不能確定每一分都勸人信主成功，但仍為播種的有效工具。

願人聽勸福音

保羅勉勵我們：

務要傳道，無論得時不得時，總要專心，並用百般的忍耐、各樣的教訓責備人，警戒人，勸勉人。

——提後四2

信徒根據主的大使命傳揚福音，勸人接受基督為救主，而無論用口傳或用文宣，這種種勸導有成功也有失敗；主所講的財主與拉撒路的故事中，財主便是

一個最明顯的失敗的例子。

財主在「天天奢華宴樂」的日子中，不但不聽「摩西和先知的話」，更對以行為來勸勉他的拉撒路也視而不見、聽而不聞；死後在陰間的火燄中，才感到痛苦而後悔，卻悔之晚矣。他要求亞伯拉罕派拉撒路以死而復活的神蹟去勸他的五個兄弟，但為亞伯拉罕所峻拒。亞伯拉罕為他與世人作出了結論：「若不聽從摩西和先知的話，就是有一個從死裏復活的，他們也是不聽勸。」（路十六31）

在耶穌講的浪子比喻中，其中小兒子聽勸悔改，再回到父親的懷抱；但那位身雖在家、心卻在外的大兒子，卻悖逆而不肯回家，父親雖好言勸解（參路十五28），他仍不為所動，是另一個勸解失敗的例子。

勸，就是福音，神願意萬人得救，不願意一人沉淪。祂不但用言語勸，更用祂兒子的寶血勸人悔改。人不聽勸，只有一個結果，便只能回到律法之下，那就是死亡。這位財主活著的時候，不聽勸；死後，便只能到陰間去接受罪的懲罰。不聽勸勉的後果，足為世人的警誡。

人間何處覓真愛？

如果將「愛」字說從頭，這個字實在太古老、太現代、又太通俗了。誰沒有愛與被愛過呢（不論是主動或被動）？而誰又不曾對愛希望與失望過？不管活了多久，你心中曾否懷疑過，人世間到底有沒有真正的愛？如果有，到哪裡去找呢？

愛（love）在中、英文中只有一個字可以書寫，但在《聖經》的原文（希臘文）中，卻有三個不同的字義，表示了人間不同的愛。

三種愛

我們最熟悉的莫如「非利亞」（*philia*），這個字主要是講人由血親產生的愛，如父母、子女、兄弟、姊妹間的血親關係；這種愛也能擴及到友愛，範圍比較廣。另一個字是「愛洛斯」（*eros*），指男女之間的情愛；這種愛範圍比較窄，只限於男女二人之間。詩人席勒說：「愛情的領域非常小，只能包容在兩人之間。」這兩種愛是每個人都會經歷的，前者發展出孝、友的倫理關係，後者發展為婚姻的傳承。這兩種愛看似簡單卻千變萬化；古往今來，多少人間恩怨情

仇的悲、喜劇，就是由這兩種愛書寫傳唱成無窮盡的故事與詩歌；而你、我一生也都活在這兩種情愛中，無人可以自外於「非利亞」與「愛洛斯」。這兩種愛是人間的美味，人們享用不盡；但同時也是人生的毒藥，許多人被這兩種愛害死了，墮入痛苦的深淵與永劫不復之境。

親情之愛（*philia*）

先說說由血統產生的親情之愛吧，父母愛子女是出於天性，人間有多少這類感人的故事，令人感嘆；而兒女敬愛雙親又讓我們受到多深的感動，以傳說中「二十四孝」來說，其中雖有些讓人詬病、不人道，甚至有些殘忍的故事（如「王祥臥鯉」、「割股療親」等），這些二十四幅「孝親圖」，今日雖已不再時興，但不都是傳統的美德嗎？然而這種由天然血統產生的親情之愛，也會變質；一旦親子間因著許多情節的改變，這種血肉之親，也會一夕色變。子女殺害父母者有之，父母殘害子女者亦有之，打開電視報紙，此類悲劇每天都在上演。這種罪性的黑暗面早已

將親子間的愛毀滅了。等而下之的兄弟鬩牆、手足相殘，更為普遍，《聖經》舊約〈創世記〉第四章記載，哥哥該隱殺了弟弟亞伯，便是人世間第一宗謀殺案悲劇。

男女之愛（*eros*）

再說說人間的男女之愛，古往今來，多少美麗的愛情故事說也說不完，你自己不就正在創造這種情愛故事嗎？

男女在一起相愛時，「在天願做比翼鳥，在地願為連理枝」這類海枯石爛的美好誓願，你發過沒有？男女結為夫妻時，在證婚人前所講的「我願意」，不都是真的嗎？世上這種美好的姻緣能維持下去的不是沒有，但這種男女之間的情愛，也極為脆弱，非常容易破碎。男女相愛時欲其生，但「愛洛斯」的反面，一翻過去，便恨之欲其死，情愛的正反面剛剛相反。所以時髦的現代人在婚前，多半要先簽下離異的條款，深怕後悔來不及，似乎離婚比結婚更為重要。而這就是「愛洛斯」。

人由血統中傳下來的親情之愛，與男女異性之間的情愛，是真的，還是假的？你相信「愛」嗎？你對愛存有希望嗎？你若對這兩種愛情都滿懷希望卻不幸又都失望了，你想不想找到另一種真愛？人間還有真愛嗎？有，我現在就告訴你。

聖愛（*agape*）

人間其實有第三種愛情，這種愛不是由人的血統中產生，也不是由人的情慾中產生，更不是從人的意識中產生，是從上帝而來（參約一13）。

這種愛叫作「愛佳倍」（*agape*），即上帝愛世人的「聖愛」。約翰福音三章16節說：「神愛世人，甚至將他的獨生子賜給他們，叫一切信他的，不致滅亡，反得永生。」

使徒保羅對這種「聖愛」有獨特的研究與心得；他為我們繪出一張讓人萬分驚奇的藍圖，他描寫這種人間絕無僅有的真愛，消極方面是：「我若將所有的賙濟窮人，又捨己身叫人焚燒，卻沒有愛，仍然與我無益。」（林前十三3）不知保羅是昧於世道，還是頭

腦有問題？試問一個如此犧牲自身的人，還會沒有愛嗎？莫非他所說的愛不是上述兩種愛情？事實也的確如此。保羅所講的確為另一種在世間沒有的真愛。他繼續講述這種愛的積極意義：

> 愛是恆久忍耐，又有恩慈；愛是不嫉妒；愛是不自誇，不張狂，不做害羞的事，不求自己的益處，不輕易發怒，不計算人的惡，不喜歡不義，只喜歡真理；凡事包容，凡事相信，凡事盼望，凡事忍耐。愛是永不止息。
>
> ——林前十三4-8

原來保羅並非癡人說愛，而是真有一種這樣的聖愛；因為不是由人情感中發出來的，所以人才會感到陌生與新奇。

這種「愛佳倍」的聖愛即耶穌基督為人類釘死十字架，代替人類罪惡的愛，是一種犧牲的愛，也是基督講的「愛仇敵」的愛。這種愛違反人類情感，因它根本不存在於人性中，是神由天上賜下的聖愛。這種愛才是真愛，我們接受了基督十字架的愛，便成為主

的信徒、神的兒女，我們的心靈便會得到平安，生命
得到拯救。

永不變質的真愛

由人情感中所發出的前兩種愛都會變質，這是因
為人的罪性與自私所造成，一旦違反了自私的目的，
便化愛為恨而成仇。但神愛世人是無條件與犧牲的
愛，在任何情形下都不會改變。你的親人、愛人會棄
絕你，但神不丟棄你。祂為你所犯下的罪惡，將祂自
己的獨生子釘在十字架上，捨命流血，為要贖你的罪
愆。這樣的愛就是聖愛，這種愛不正是你希望的嗎？

神的真愛就在你身旁，只要相信，接受耶穌為
救主，便能立刻得到。天父時刻伸出雙手在等候迎接
你，現在就俯伏在主面前，接受神的真愛吧。

大信若盲

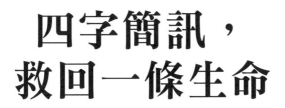

四字簡訊，
救回一條生命

是我，不要怕。

—— 耶穌

主啊，救我。

—— 彼得

日前報載台灣大哥大舉辦第四屆myphone行動創作獎，首獎得獎人以四個字奪魁，「想我，響我。」並由詩人余光中頒獎，四個字獲獎金七萬元，可謂一字逾萬金。評審之一的作家張曉風發表感言說：「前人說讀〈出師表〉不哭是不忠，讀〈陳情表〉不哭是不孝。但現人有現代人的書信表達方式，你不需要悲情，但必須是誠懇的、俏皮的。」余光中更勉大家要將自己撥入文壇。

今人普遍使用手機，天天撥打，時時撥打，就算是簡訊，也能成為一種可怕的電子垃圾。全球鋪天蓋地的電訊，成為末世另一種象徵與災難。

國際間的求救電訊早已具備，即SOS。但SOS能不能救人一命要看時機，許多空、海的遇難者雖然發出電訊，或在山上、海上列出 SOS的字樣，但卻未被救難者發現，仍然難逃厄運。當初鐵達尼號郵輪首用

SOS求救訊號，就未能成功。

基督也使用簡訊

在聖經中以緊急呼聲發出求救簡訊，並立刻得到拯救的鮮活例子為使徒彼得。馬太福音記載，耶穌遣散眾人之後就獨自上山去禱告。到了晚上，只有祂一人在那裡。那時船在海中，因風不順，被浪搖撼。夜裡四更天，耶穌在海面上走，往門徒那裡去。門徒看見祂在海面上走，就驚慌了，說，是個鬼怪。便害怕，喊叫起來。耶穌連忙對他們說：「是我，不要怕！」

彼得說：「主，如果是你，請叫我從水面上走到你那裏去。」耶穌說：「你來吧。」彼得就從船上下去，在水面上走，要到耶穌那裡去。只因見風甚大就害怕，將要沉下去，便喊著說：「主啊，救我！」耶穌趕緊伸手拉住他，說：「你這小信的人哪，為甚麼疑惑呢？」他們上了船，風就止住了。在船上的人都拜祂，說：「你真是神的兒子了。」（太十四23-32）

這是一段歷史的記載，詳記主耶穌履海以後，使

徒也想照樣履海，但卻因風浪而失信心，並立刻發出極簡的求救呼聲，只有四個字：「主啊，救我。」便立即獲救。彼得的求救簡訊並未獲得獎金，卻及時救了他的命。一條命應不只值七萬台幣，因人的一條命比全世界還貴重。基督便說了：

> 人若賺得全世界，賠上自己的生命，有甚麼
> 益處呢？人還能拿甚麼換生命呢？」
>
> ——太十六26

經典求救簡訊

彼得遇到危難時，只發出四個字的求救簡訊，就立刻獲救。因為主就在近旁，主伸手便可救你。今天你遇到危難，由手機發聲，向119（美國為911）的救難單位求救，就算在同一個城市中，救護車開到你遇難的現場，並且立刻將你護送到醫院，但能不能獲救仍有許多變數；但主的拯救卻在近旁，並且絕對會救你。

人向神祈求禱告，其實不用長篇大論作文章，

緊急的呼求，只要最簡單的訊息便可上達上蒼，主會立施拯救。「主啊，救我。」便已足夠。我們也必須了解，彼得在呼救時，是因周遭風浪險惡且已失去信心，才發出求救的緊急呼籲；而立刻施救的就是掌管宇宙萬物的大主宰。一切世上的危險風浪，都在祂的控制之下，我們只要發聲求主，便能得到拯救。

　　「主啊，救我。」這句經典的求救簡訊，對處在四周都是風浪的今世，隨時都能用到，而且不必用手機發訊，用心靈禱告，我們的主便能聽到而施救。

大信若盲

暮光節約時間

生活在北美，一年有兩次要將時鐘撥快或撥慢，即所謂「日光節約時間」（Daylight Saving Time，簡稱DST，又稱「夏令時間」），原是為節約能源而人為規定地方時間的一項制度。許多國家沿用了此法調整作息時間，尤以北半球高緯度的國家使用率最大。但各地區因時因地制宜，調整時間的辦法也各有差異；不過主要目的，仍在提醒人對時間與生命的珍惜。

關於節約時間，自古至今皆有警示。漢朝有位宰相匡衡，幼時家境貧寒，白天要打工謀生，夜晚想讀書，苦無照明，只好在隔鄰的牆上鑿一小洞，借用鄰家微弱燭光讀書，這便是歷史上著名的「鑿壁偷光」故事。匡衡天分並不高，但畢生苦讀，努力作學問，終成一代大家，著作極豐。

當趁有光行走

耶穌曾警告門徒：「光在你們中間還有不多的時候，應當趁著有光行走。」（約十二35）主所說的光，其實是一語雙關：祂不但指時間，更是指生命的

真光，兩者均受限於人間的日光機制。古傳道者早已斷言：

> 凡事都有定期，天下萬務都有定時。生有時，死有時；栽種有時，拔出所栽種的也有時；殺戮有時，醫治有時；拆毀有時，建造有時；哭有時，笑有時；哀慟有時，跳舞有時；拋擲石頭有時，堆聚石頭有時；懷抱有時，不懷抱有時；尋找有時，失落有時；保守有時，捨棄有時；撕裂有時，縫補有時；靜默有時，言語有時；喜愛有時，恨惡有時；爭戰有時，和好有時。
>
> ——傳三1-8

傳道者要提醒人，凡事都有定時也有定理，皆非突發事件；如不能及時掌握，時機稍縱即逝。所以時間與機會都不可虛擲，應切實把握與使用。

古人惜時如金，晉書〈陶侃傳〉：「大禹聖者，乃惜寸陰，至於眾人，當惜分陰，豈可逸遊荒醉，生無益於時，死無聞於後，是自棄也。」當然，也有反

其道而行的浪漫主義者，如詩人李白在〈春夜宴從弟桃花園序〉中強調的：「夫天地者，萬物之逆旅也；光陰者，百代之過客也。而浮生若夢，為歡幾何？古人秉燭夜遊，良有以也。」以及曹操的：「對酒當歌，人生幾何？」均詠嘆生命之短促，言雖消沉，亦足予人警示。

數算餘日

詩人摩西則道出受造者的心聲，並啟迪了人生的正確方向：

你使人歸於塵土，說：你們世人要歸回。在你看來，千年如已過的昨日，又如夜間的一更。你叫他們如水沖去；他們如睡一覺。早晨，他們如生長的草，早晨發芽生長，晚上割下枯乾。

我們因你的怒氣而消滅，因你的忿怒而驚惶。你將我們的罪孽擺在你面前，將我們的

隱惡擺在你面光之中。我們經過的日子都在你震怒之下；我們度盡的年歲好像一聲歎息。我們一生的年日是七十歲，若是強壯可到八十歲；但其中所矜誇的不過是勞苦愁煩，轉眼成空，我們便如飛而去。

誰曉得你怒氣的權勢？誰按著你該受的敬畏曉得你的忿怒呢？求你指教我們怎樣數算自己的日子，好叫我們得著智慧的心。

——詩九十3-12

讀完摩西這段感慨至深的詩句，你不覺得悚然而驚嗎？道理雖然分析得這樣透徹，但言者諄諄，聽者卻藐藐。人，由於年齡的差距，對時間的感受大不相同。摩西所說「千年如一日」，應只有那壽命最長、活了九百六十九歲的瑪土撒拉（參創五27）在臨終時，才能體會得到。而所謂眨眼或彈指之間，這種感受也多半是在時間消逝之後才能體驗到；在一般人的觀念中，並無多少意義。

人，在兒童與青少年期間，如旭日東昇，絲毫不

受時間的壓迫，甚至還巴望著能快馬加鞭，一夕長大成人；步入中年，則如日正當中，有不可一世之感，「對酒當歌」，「一世之雄」，正享受著人生；秉燭夜遊，盡情陶醉生活，何曾有惜時之警覺？即便是信徒們，也會認為天國尚遙，世上的日子正多。可惜倏忽間，卻已到了「夕陽無限好」的黃昏時刻。

「無限好」只是想像，「近黃昏」則千真萬確，伸手便能觸及陰間的大門了。摩西在寫詩詠嘆「轉眼成空」的年歲時，正是這種感受。

摩西詩中有一句重要的話：「求你指教我們怎樣數算自己的日子，好叫我們得著智慧的心。」（詩九十12）日子，原本指不勝屈，轉眼變為屈指可數，甚至無指可屈！如蘇東坡在〈寒食〉詩中所云：「年年欲惜春，春去不容惜。」岳武穆在〈滿江紅〉詞中的警語：「莫等閒白了少年頭，空悲切！」少年時，人怎會想到白頭？當少年的頭白了，消逝之時光已無可追回，只能空自悲切！

分秒數算無限好

摩西教導我們要好好「數算」餘下的日子。而「怎樣數算」，才是重點。基督講了一個「無知財主」數算的方法是：「靈魂哪，你有許多財物積存，可作多年的用處，只管安安逸逸的吃喝快樂吧。」若真這樣「數算」日子，便大錯特錯。因為時間並不能自我掌控，靈魂豈能享用世間財物！最後結果是「上帝卻對他說：『無知的人哪，今夜必要你的靈魂；你所預備的要歸誰呢？』」（路十二20）在夕陽餘暉中的人，更該懂得如何數算自己餘下的日子，若採用錯誤的觀念去計算，得到的結局會很不堪。

保羅提供我們一個正確的計算時間方式。他說：

所以，我們不喪膽。外體雖然毀壞，內心卻一天新似一天。我們這至暫至輕的苦楚，要為我們成就極重無比、永遠的榮耀。原來我們不是顧念所見的，乃是顧念所不見的；因為所見的是暫時的，所不見的是永遠的。

——林後四16-18

財主所計算的是「所見的」，只是暫時，會隨時間消逝；「所不見的」才是生命的新境界，才是永遠的。保羅教我們在末後的時日，要一天一天的計算。人在黃昏的暮光中，為時不多，每一天都是恩典，也都可能是最後的一天，必須精準計算，使靈命的每一天都能登上一個新台階與新境界，不能不惜時。不僅要惜DST的夏日「日光節約時間」，更要惜Eveninglight Saving Time（EST）的人生「暮光節約時間」。

　　我今年已正式邁入八十衰齡，年歲幾乎已無指可屈，每一天都格外珍貴。我雖有多種慢性疾病，但主恩眷顧，尚能揮筆寫作；每寫一篇，心靈便更新一回。「我寫故我在」，筆耕是我每日的必要功課，待寫的題目，已排成一長串。每一天、每一時，每一分、每一秒，皆在神恩典的手中。夕陽「無限」好，而在「有限」暮光中，何時落下最後一筆？我要仰望神！

一九四九渡海成囚

八十年來家國，望斷故里山河。

雙珠嵌雲連霄漢，風雨棧橋濺愁波。

同室操干戈。

一旦流亡他鄉，蕉風椰雨銷磨。

最是倉皇辭家日，血淚譜成別離歌。

揮手成永訣。

（改寫自南唐後主李煜〈破陣子〉。「雙珠嵌雲」為故鄉膠州代表性景點，「前海棧橋」為青島主要地標。）

青島大撤退

八千噸的延平輪，緊靠著青島大港碼頭。船舷上斜掛著幾個大木梯，一批批背著背包荷著槍的士兵沿著木梯攀爬上輪船，遠望像一群背負著食物的螻蟻，正井然有序地努力往上爬行。

這艘巨輪的任務，是要將戍守青島的部隊及物資載運到台灣。當時鎮守青島的最高指揮官，為「第十一綏靖區司令部」劉安琪司令官，守衛青島的軍旅則有五十四軍等部隊。我們是綏靖區下的一個徵兵單

來找我，當時還有另一位美校男同學蔣鈞也在場。這對父女希望我能帶他們去台灣，他們在台有親戚可以投靠。我與蔣鈞兩人都面有難色。王父表示如果因為王羡斐非眷屬不方便帶上船，不妨以眷屬名義寫一張結婚證書也行。我頓覺面紅耳赤，不知如何應對，只好推說雖然聽說是要去台灣，但船也很可能會開往別處，那便不知如何是好了。我萬分尷尬地推辭了，心中卻深感抱歉。

王羡斐找出她珍藏的一本中國地圖，要送給我們作臨別紀念，我隨手交給了蔣鈞。（蔣鈞為「青島要塞司令部」通訊官，到台灣後因所屬建制不同，被編入「高雄要塞司令部」。）青島一別之後，未能再與蔣鈞見面。每想起這段經歷，我不僅遺憾而已，乃錐心之痛。王氏父女悵然離去時的沉重身影，多年來壓抑在我心底，始終揮之不去。

據我所知，「膠縣團管區」許多軍官都是在這種情況下有了「眷屬」，抵台後多半以此離終結緣分。雖然也有相廝守過日子的，多屬不幸。數十年後，那些人的故事如何發展及結局怎樣，便不得而知了。

天愴地慟的一刻

　　出發登船的那天是五月節，平時是應該回家吃粽子的，但一家人心情卻十分沉重，面面相覷了半天，甚麼話也說不出來。「珍重再見」之類的話，遠遠不足以表達當時心中錯綜複雜的離情別緒。看看時間不早了，便不得不起身準備離去。

　　當時我家住在青島中山路，父親便與我一起走到了前海崖，走到中山路的盡頭，在前海棧橋旁才停下腳步。我回頭向他行了一個軍禮，便往駐地方向去，待集合後才可登船。走了半晌，我再回頭時，竟然看到父親仍呆立橋邊。這一別就是近四十年！

　　1986年，我第一次返家探親時，父親已皓髮傴背，垂垂老矣。離家時他尚值中年，我還是個大孩子；蓬首重逢，恍若隔世，相互擁抱時的「慟」，難以言表。不久後他病逝，我由台北啟程前，華視主播李艷秋一再要求派一組記者與我同行，好採訪一個老兵離家四十年後返回大陸與家人重逢的情景，但我婉拒了。我行事一向低調，不願招搖。

　　當年離開時，青島大港碼頭慌亂又悽涼。除了紛

大信若盲

亂登船的官兵與眷屬，碼頭上還擠滿人群，有的是來送行道別，更多的是惶惶無主，木然呆立，眼看著別人登船自己卻無法成行。不斷有人央求大兵帶他們上船，當然都無法如願。其中有一些少婦與女學生，還有臉上來不及卸妝留著殘脂餘粉的小歌星，隨便拉著一個大兵，千拜萬託：「帶我走吧，讓我作你太太行嗎？」這些惶急焦慮無助的婦女，讓人看了心直往下沉，宛如世界末日來臨般毫無指望。

眼看著那一隻隻被甩掉、被推開的手，許多年後午夜夢迴，我仍會心疼掉淚。多麼殘酷的人間悲劇呵！多少年後我由夢中驚醒，竟還能清晰瞧見那一張張惶恐絕望的臉。

青島第十一綏靖區司令部及所屬各單位到底有多少人員，我當時並不清楚，只感到船艙十分擁擠，艙底及甲板上都塞滿了人。軍眷多半在底艙，但因空氣污濁，人家都會跑到甲板上來透氣，一時人聲鼎沸，人滿為患，甲板上的救生艇中也塞滿了人。大家眼睜睜地看著延平輪一寸寸地駛離青島海岸，碼頭上仍然站著送別與無法上船傷心欲絕的難民。海水推開了這幕生離死別的場景，隨著滾滾海浪逐漸遠去，推遠了

送別者的距離。

　　大船緩緩渡過海峽中線，再一波波地接近台灣基隆港，抵達目的地。但時間的距離，卻比空間拉得更長也更遠。由1949年，一直拉到1987年，在漫漫長日等待近四十年後，才正式開放大陸探親。這期間，多少人都已等不及而離世了！青澀少年也都等得白了少年頭，才又滿懷著希望、失望甚至絕望的心情回到故土。然而昔日的家園多半已毀，祖墳也遭鏟平，再也找不著以前的街巷；井被填了，河道改了，一片廢墟，滿目荒涼……欲哭無淚！

　　1949年端午節，我沒有吃到家裡包的粽子。軍隊撤退時，卻為當地賣大餅的帶來一筆大生意。各軍事單位在奉令撤退時，都配發了所謂「應變」的大袋美援麵粉，船行海上約需一週，由於人數眾多，無法在船上烹煮，便都將麵粉換成大餅。那種約兩尺直徑兩寸厚的鍋盔大餅，帶上船作為一週的乾糧。

　　船行兩天後，大餅都在海風中發霉了，餅裡長滿綠毛不能入口，只能丟棄海中。但飢腸轆轆，有人便想用麵粉煮麵疙瘩充飢，船上的淡水幾乎早已用光，餘下來的一點點淡水受到管制，只能作為飲用，大夥

便想到用海水煮麵疙瘩。煮好了，卻鹹得發苦，根本無法下嚥，這樣餓了幾天才熬到基隆。

海上浪高風急，輪船不停搖晃，多數人都嘔吐不止，吐得昏天黑地。好夕看到了基隆港，船也總算靠上了碼頭。不能立刻下船，要等候「東南行政長官公署」的命令，大兵們只能在船邊買當地人在小舢板上兜售的香蕉充飢。我第一次吃到台灣香蕉，又香又甜，個頭又大，暫時填充了幾天的空腹。而此後吃香蕉的日子卻極長，一口氣竟吃了四十年。「蕉風椰雨銷磨」，吃了四十年的台灣香蕉，將少年頭吃白了，也將昔日的壯志銷磨殆盡！

初嚐台灣美味小吃

走下延平輪，我們便正式在基隆登陸。台灣的風貌對我來說，感覺新奇又興奮。當時的基隆街頭只聽到一片達達的木屐聲，男女老幼都拖著木屐在街上走，夜晚則到處響起尖銳的竹笛聲，是按摩的盲人所發出來的，象徵著那一個時代的特色。

走下延平輪，第一件事情是想在街上找一個吃早

餐的地方。我們幾個大兵，沿著海邊的馬路往前走，迎面來了一個挑擔子賣早點的，我們立刻攔下他。賣的是花生湯，對我來說是一種完全新鮮的吃食。

　　小販用遲疑且畏縮的眼神看著這幾個大兵，萬般無奈地為我們盛了幾碗花生湯。配著這種早點的是油條，這我很熟悉，只是比青島的炸得小了些，且沒那麼酥脆，但我們飢不擇食，拿起來就吃。花生湯風味絕佳，因花生煮得熟爛入口即化，湯也夠甜，頗合我的口味。我們一面吃，小販一面急急忙忙地往回收，生怕都給我們吃光了；其實應該是更怕這幾個大兵吃完了便抹嘴走人。出他意外地，大兵們吃完都如數付清了錢，但他仍有戒心，急急忙忙挑起擔子掉頭就走。

　　在基隆，我也嚐到台灣其他風味小吃，印象都極好。我特別喜歡吃的是肉燥麵，也去基隆大廟前吃過肉羹，這幾種小吃的滋味，一直吃了四、五十年不覺厭膩。至於由大陸來的大兵們日後所賣的牛肉麵，反而並非我的最愛。

大信若盲

關進了「小鐵幕」（1949年的澎湖）

部隊在基隆駐紮約二週後，奉命開拔到澎湖馬公島，因「東南行政長官公署」決定將青島撤退來台的團管區等部隊，都撥歸「澎湖防衛司令部」轄下的陸軍第三十九師。

三十九師原屬四十軍，軍長是澎湖防衛司令李振清。李振清原為馬法五、龐名勳等人部下，屬馮玉祥系的西北軍，他們由大陸撤到台灣時根本沒有幾個兵，只剩下一些中下階層幹部。

四十軍早已在河南安陽與新鄉被共軍打垮，但李振清卻沒有降共，率其殘部退到台灣，故頗獲陳誠賞識。陳誠認為中央軍系的軍隊多半在內戰時投共，非中央系的西北軍反而撤退來台，其忠貞度遠超過中央軍，乃另眼相看。他將許多由大陸撤出的部隊都交給李振清，補充他的三十九師，連後來從山東流亡了大半個中國，最後到達廣州的五千名山東流亡學生，也交給了他們，卻都送入了虎口。日後該師便由這兩批人中製造出兩大冤案：「山東流亡學生匪諜案」與「南下工作團匪諜案」，並枉殺了兩位山東中學校長

張敏之與鄒健。民國三十九年初在台北馬場町共槍斃了十幾名師生，並且在澎湖漁翁島海域將為數不詳的學生裝入麻袋加上石塊沉之海底。

我曾電詢中研院院士張玉法，他就是山東流亡學生之一，他說後來並未找到直接證據。唉，能到哪裡去找證據呢？讓海底冤魂出來作證嗎？還是找來當初執刑的劊子手們出面？這個冤案至今未能完全平反，許多冤魂仍沉埋澎湖海底。

我曾寄望柏楊大老能挺身建議，為遇難的學生在漁翁島立碑紀念。他病故後此願落空。該師所偵辦的第二件大冤案，便是我所屬的「膠縣團管區」冤案。他們以匪諜名義逮捕了五十餘人，三十九師捏造的罪名就是「南下工作團」（後向大陸查證，根本無此共諜組織）。他們並為這個虛擬的組織編成許多小組，然後將這些人都打成組織中的「匪諜」。全案移送到台北「保安司令部」時，「保安司令部」基本上已經十分清楚這是一個大冤案。

我們被關進台北青島東路看守所約兩個月，司令部軍法處只提訊過一次，每人大概只訊問兩三分鐘。匆匆結案後，集體造冊移送「保安司令部新生訓導

處」（處長為姚盛齋）管訓了事。因當時凡牽涉到思想問題的案子，只能抓人不能放人；送到新生大隊去管訓，等於判處無罪。但保安司令部軍法處在訊問後並未發給判決書，只在送訓的名冊上標示「政治思想犯」。我後來因病被送到一處陸軍醫院住院時，床頭掛的一塊牌子，便直書「政治思想犯殷穎」，令人怵目驚心。而這一關，我便在火燒島的鐵窗中「銷磨」了三年的青春歲月。

交保回復「自由」時，我的雙目已成痼疾，身體虛弱不堪：二十一歲的青年，體重還不到四十公斤。名義上雖已回復「自由」，但隨時都在派出所的嚴密監控中，每週要向派出所報到；每月保安司令部的人員都要到所在地警察局召我「談話」，精神備受折磨。這樣延續了幾十年，直到我退休申請移民時，需先到台北市警察局去領良民證，我的記錄中仍記載著「政治思想犯」的字樣。

慘絕人寰的酷刑煉獄

李振清屬下的陸軍第三十九師，何以要製造這些

匪諜冤案？這應為當時因緣際會的特殊形勢所造成，「東南行政長官公署」與「台灣保安司令部」都有不可推卸的責任。陳誠只認定李振清的忠貞，但對李部的實際情形則諱莫如深。

西北軍的特徵，是部隊軍官多半未受軍事養成教育，且下級軍官多為不認之無的大老粗，李振清自己連國父遺囑都唸不完全。下級幹部則多半不具現代知識，卻由自卑感轉成自大狂，對由外入編的部隊，原則上只要兵不要官。

由廣州接來的五千山東流亡學生，多半都已高中畢業，他們原認為到台灣去是要繼續升學，卻一律被編成二等兵，納入三十九師的建制。而統率這批知識青年的幹部卻都是大老粗，兩者之間的知識差距太大，造成了極端的矛盾。軍官因遭受士兵的譏諷，惱羞成怒，於是便將一些調皮搗蛋的學生抓起來，問成匪諜。後來更進一步為他們捏造出一個匪諜的罪名，甚至還偽造了一些「證據」，才能判成死罪，一夕之間血染台北馬場町，造成天大的冤獄。

當時處決了這批師生，餘下的一些問題學生還有數百人，也都判入「新生訓導處」接受思想管訓（他

大信若盲

們編為綠島新生總隊第一大隊的第二中隊）。我們這一批「南下工作團」的人，屬第一大隊第一中隊，應為情節較輕的「犯人」。第一大隊還有一個女生第八中隊，知名的台灣舞蹈家蔡瑞月便在其中。至於被丟入海中的冤魂，至今無人敢出來作證，冤情便只能永沉深海。

三十九師辦理「山東流亡學生匪諜案」據說還得到保安司令部特別嘉獎，更助長了李振清司令官及韓鳳儀師長等的氣焰。主其事者，還有防衛司令部政工處長尹殿甲及三十九師政治部主任李春光。而下一個目標，便轉向了「膠縣團管區」。三十九師就熟駕輕，製造這種冤案成為他們的絕活，隨即逮捕了一些官兵，嚴刑逼供，手段十分殘酷。他們刑訊的方法是：或命受刑者裸膝跪在銳利的碎貝殼與碎石上，或將雙手由背後反吊，腳下踏著一塊立起來的磚頭；或將雙手由大腿後抄到膝蓋前再拷起來，拷成一個粽子形狀；這樣一吊一拷就是幾個月。受刑者的雙手因繩索深勒肉內而潰爛，癒後手腕上像纏著一條火蛇般十分可怕。更有一種電刑，是將受刑者兩手拇指纏上電話線，雙腳赤裸踏在濕地上，然後將兩部電話機搖

動，受刑者便全身顫抖跳動，名之為「跳舞」。直到受刑人承認為其預設的匪諜才罷休。這種血腥恐怖的刑訊，實筆墨難以形容。

我是「膠縣團管區」在被整肅冤案中，最後一個被逮捕的。當時全案已經偵結，我冒險寫了一封信想寄到台北「東南行政長官公署」，給「膠縣團管區」前司令蔣濤，請他出面交涉，為大家平反冤情。但信函未能寄出，竟為三十九師查獲。

當時澎湖由李振清的防衛司令部以鐵腕統治，往來郵件都要檢查，因此人稱當時的澎湖為「小鐵幕」。我知信寄不出去，便託軍需處一位同事馬保良到高雄出差之便，將信帶出去寄發，但馬保良卻出賣了我，將信交給政治部，我才被捕。當時台灣剛剛發行新台幣，我積存了幾個月的薪餉，請馬保良為我在高雄購買一只手錶，這筆錢後來成了他告密的「獎金」。

記得我是在1950年1月12日晚被捕，三十九師承辦這兩大冤案的主辦人員，為政治部的祕書陳福生與幹事王子畛，另有參謀處的二名趙姓參謀。當天晚上那位胖胖的趙參謀笑嘻嘻地來找我，似乎剛喝過慶功

宴的酒，帶著醺醺醉意說要找我去問話，並立刻將我的行李等物查扣。他們沒收了我所有的私人物品，其中包括我的一些畫作與畫具。多年後，一位曾在「膠縣團管區司令部」工作的葉影，在營區某個角落發現一本我由青島撤退時帶出來的藍色紀念冊。冊中保留了不少當年青島美校師生為我書寫的勉勵言詞，包括張伯儒老師的一幅畫。劫後餘物，我留存至今，彌足珍貴。

由於三十九師將「南下工作團」的組織早已編好，他們製造的「匪諜」也已額滿，無法臨時再將我補進去，所以並未將我打成「匪諜」，我也逃過了可怕的刑訊。他們便另作文章，「誇讚」我的日記文筆寫得像魯迅，所以「思想」定有問題。後來台北「保安司令部軍法處」軍法官告訴我，三十九師告你的罪名為「思想前進」。我當時反問軍法官：「難道我思想要落伍才好嗎？」軍法官莞爾以對。「思想前進」這個罪名使我變成了「政治思想犯」，成為糾纏我一輩子、塗抹不掉的標誌與烙印！

1949年由大陸撤退到台灣的這批流亡者，其中還有多少人有這類不幸的遭遇，被收進了白色恐怖的網

罟？無法確知。這一頁斑斑血淚史，不容成灰，卻也
非本文篇幅所能承載之重。

〈定風波〉

（詞用蘇東坡原韻）

莫忘晨鐘晚禱聲，烽火遍地無處行
東渡海峽落楚囚。奈何？
漂泊異域了此生！料峭春風吹夢醒
微冷
嵌雲雙珠欲相迎
回首故居無覓處。歸去？
也無片瓦也無塋

1949年青島撤退時之大港碼頭

膠州大、小珠山

作者與父親告別之青島棧橋

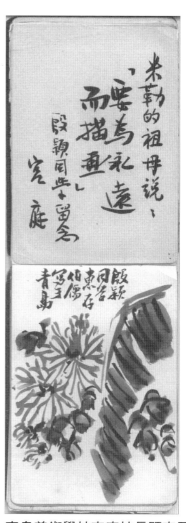

青島美術學校宮庭校長題字及張
伯儒老師臨別贈畫

大信若盲

囚籠中的悲歌

關在綠島「新生訓導處」的政治犯，依記憶畫出當時的營區，現址已在馬英九任法務部長時拆除，僅餘部分圍牆。

圖片來源：50年代白色恐怖案件平反促進會

1950年（民國39年）春天，我在台北市青島東路保安司令部看守所中被羈押了約兩個月，在白色恐怖的冤案中，我是由當年澎湖陸軍第三十九師（一個專門製造匪諜冤案的李振清麾下部隊）刻意製造的第二大冤案；受難者約五、六十人，是該師捏造的所謂「南下工作團匪諜」案。

大信若盲

第一大案為山東流亡學生「匪諜」案，當年冤枉槍斃了山東流亡中學校長張敏之、鄒健等師生十餘人，另有數目不詳的學生被裝進麻袋丟入澎湖大海，及數百名學生被送往綠島的「新生管訓總隊」（第一大隊第二中隊）管訓。我是在學生冤案結束後，三十九師繼續加工製造的第二大冤案受害者；全案蒙冤者在慘酷刑訊下造成不實供詞後，該師將冤案五、六十人由澎湖裝船運到高雄，再裝一個車箱運到台北「保安司令部軍法處看守所」候審，我們這五、六十人擠進一間囚籠內，由於當時囚犯太多，幾十間囚籠（每間囚籠約可關押三十人）都人滿為患。

　　我們這一案便只能擠在一間籠中，五、六十人緊靠肩膀對坐，根本無法躺臥。夜間只能輪班睡覺，一邊人坐著，另一邊人圈腿躺下睡眠，幾個鐘頭後再換班輪流睡覺。囚籠雖為木柱構成，木柱之間有空格，但空氣極為惡濁，要在中間掛一條軍毯，兩邊各繫一條繩索拉動，才可使空氣流動，完全是一幅人間地獄的景象。

　　當時只有一間囚室中關了一個人，便是山東名將李延年，他因平潭島未按當局指定時間撤退而獲罪入

獄，但受到一人單間優待。有幾個囚犯一看見他走出來，便大聲喊叫「立正」的口號。

全身疥瘡，體無完膚

監牢中最寶貴的時刻是每天的放封時間，可以到院中去走動，也可以在水龍頭下沖洗，如能僥倖撿到一小塊肥皂頭，便如獲至寶，否則只能用水沖一下。

每個囚徒都全身疥瘡，體無完膚。獄中每天供二餐囚糧，是一盒糙米飯，上面澆一勺高麗菜煮的菜湯。對我們這批由三十九師移來的囚犯而言，已是十分好的待遇了；因之前被關於馬公島的一個前日本人留下的山洞彈藥庫中，伸手不見五指，日夜燃一盞小媒油燈，洞壁上潮濕生霉，地上鋪的草生滿了蟲蝨，每人身上都可以掏出一把蝨子來。

每天（有時兩日）才會送來半籮筐冷飯，五、六十個人每人能搶到一把飯便算幸運。每周一次放封，只有十分鐘。可以看一下獄牆上方美麗的青天，及由牆外探進來的幾片綠葉，如看見親人般親切。每人看不到自己的臉，但能看到別人臉上滿佈黑煙，如

同鬼魅，十分恐怖。

到了台北軍法處看守所，每天能吃到一整盒米飯，待遇已改善很多了，但澆上的菜湯不但少油也缺鹽，獄中的看守們看了不忍，便送給我們一大碗粗鹽，真是雪中送炭，十分寶貴。大家都分到一份，約一、二十個鹽粒，找一塊報紙包起來，藏在袋中，吃飯時掏出一兩粒溶在飯中，也十分美味。後來還發生了一個人的鹽包丟了，疑是旁邊的人偷去，而大打出手、頭破血流的不幸事件。獄中將人性陰暗面凸顯無遺，令人感慨萬千。

囚室中五、六十人共用一個便桶，每晨都要由二人擔出去清理。按說，這種工作應該輪流擔任，但兩個月中，我卻無機會輪到，因為有幾個老菸槍志願包辦，途中可以撿到一、二個菸頭回來過癮。他們將菸頭中的菸絲取出來，捲入報紙中，便製成一支菸，然後由棉被中拉出一條棉絮，將棉花拉成長條，繞在一根筷子上，再找一片木板，在地板上用力來回挫磨，然後將棉絮由筷子中脫出來，斷成兩截，再兩手各執一端棉絮，讓兩端微觸、抖動（使兩端棉絮因摩擦發熱而產生陰陽電極），棉絮不久便會燃燒，成為火

種，便可將菸頭點燃。幾個老菸槍們將頭緊湊一起，你推我擠，每人搶吸一口過癮。這幅畫面，至今想起來仍感可怖。

歌聲迴盪如泣如訴

在看守所囚禁待決的兩月中，每晚睡前也有一段「快慰」的時光，那就是一間間囚籠中都會傳唱一首悲歌，曲調悽楚而愴涼，應為東北的一首抗日歌曲：

遼河的水啊，松花江的浪啊，
那樣的悠遠，那樣的長。
孩子們哪，孩子們哪，母親在思念你啊，
孩子們哪，孩子們哪，母親在呼喚你。
遼河的水啊，松花江的浪啊……

歌聲由一間囚籠，傳到另一個囚籠，最後這幾十間囚籠中，數百囚徒一起合唱，歌聲迴盪在黑獄中，如泣如訴，如怨如哭，像一道激流，似一江怒濤在暗夜中奔騰激盪，良久、良久才在夜色中沉寂。

離開看守所後，被判關進火燒島的「新生管訓總隊」，展開另一頁白色恐怖的鐵窗生涯。

離獄後數十年，在東奔西徙的生活中，無時或忘昔日獄中囚籠裡的悲歌，但當初歌詞未能記全。在過去六十年裡，我時常查詢一些收集抗戰歌曲的專家，卻找不到這首歌；連東北學界宿耆齊邦媛（《巨流河》作者）及東北作家趙淑敏、趙淑俠姊妹也不知道。據趙淑敏說，她的長篇小說《松花江的浪》要拍成電影，便想以此歌為主題曲，但也無法找到這首歌。

在過去幾十年中，我偶爾會在報端看到歌中的一兩句，再經趙淑敏告知在網上查到一點資料，才將這首歌詞拼湊出來（請參考234頁）。我原熟悉歌的曲調，請一位懂音樂的朋友幫忙，將曲譜記下，才完成了這首昔日在囚籠中傳唱的「母親的呼喚」。

本文發表之後，盼昔日獄中尚存的難友讀了此文，可以回憶當年囚籠中的歲月；更盼熟悉這首抗戰歌曲的東北鄉親們可以校正、補遺與補缺，使這首獄中的悲歌可以將當初那些被囚禁壓抑的靈魂，再詠唱出他們悲慟的心聲。

澎湖學生白色恐怖案蒙難紀念碑揭碑

澎湖白色恐怖紀念碑

澎湖大海眺望遇難者

關押政治犯之火燒島

受害人陳孟和先生繪製的新生訓導處鳥瞰圖

新生在營區內打排球（背面即關押的囚室）

大信若盲

新生訓導處之官兵在正門前合影

綠島的三峰岩

E^{b} 4/4

母親的呼喚

佚名 詞曲

```
6  5  6 | i · 6 | 5  3  2  1 | 3  3 |
```

遼 河 的　水　　啊，　松 花 江 的　　浪　啊　，
遼 河 的　水　　啊，　松 花 江 的　　浪　啊　，
遼 河 的　水　　啊，　松 花 江 的　　浪　啊　，
遼 河 的　水　　啊，　松 花 江 的　　浪　啊　，
遼 河 的　水　　啊，　松 花 江 的　　浪　啊　，
遼 河 的　水　　啊，　松 花 江 的　　浪　啊　，

```
1  1  1  1 | 3  3  3  3 | 3  3  3  6  6 | 5 · 3 |
```

孩 子 們 哪，孩 子 們 哪，母 親 在 思 念　你　啊　，
孩 子 們 哪，孩 子 們 哪，母 親 在 思 念　你　啊　，
孩 子 們 哪，孩 子 們 哪，母 親 在 思 念　你　啊　，
孩 子 們 哪，孩 子 們 哪，母 親 在 呼 喚　你　啊　，
孩 子 們 哪，孩 子 們 哪，母 親 在 思 念　你　啊　，
孩 子 們 哪，孩 子 們 哪，母 親 在 思 念　你　啊　，

```
6  5  6 | i · 6 | 5  3  2  1 | 3  3 |
```

遼 河 的　水　　啊，　松 花 江 的　　浪　啊　，
遼 河 的　水　　啊，　松 花 江 的　　浪　啊　，
遼 河 的　水　　啊，　松 花 江 的　　浪　啊　，
遼 河 的　水　　啊，　松 花 江 的　　浪　啊　，
遼 河 的　水　　啊，　松 花 江 的　　浪　啊　，
遼 河 的　水　　啊，　松 花 江 的　　浪　啊　，

2 3 5 | 2 1 | ⌒3⌒ 6̇ 6̇ 6̇ 2 1 | 6̇ — |

那　樣　的　　悠　遠　，　　那　　樣　的　　長　傷。
那　樣　的　　沉　痛　，　那樣的　憂　　外的　傷。
家　鄉　的　　月　光　，　　分　外　的　　亮。
母　親　的　　臉　是　　遮避的　太　　　陽。
家　鄉　的　　土　地　，　要你來　耕　　種。
母　親　的　　眼　睛　，　被淚水　洗　　蕩。

2 2 2 2 | 3 3 3 3 | 3 5 3 2 1 | 3 — |

孩　子　們　哪　，　孩　子　們　哪　，　母　親　在　呼　喚　　你　，
孩　子　們　哪　，　孩　子　們　哪　，　母　親　在　呼　喚　　你　，
孩　子　們　哪　，　孩　子　們　哪　，　母　親　在　呼　喚　　你　，
孩　子　們　哪　，　孩　子　們　哪　，　母　親　在　呼　喚　　你　，
孩　子　們　哪　，　孩　子　們　哪　，　母　親　在　呼　喚　　你　，
孩　子　們　哪　，　孩　子　們　哪　，　母　親　在　呼　喚　　你　，

2 3 5 | 2 1 | ⌒3⌒ 6̇ 6̇ 6̇ 2 1 | 6̇ — |

那　樣　的　　悠　遠　，　　那　　樣　的　　長　傷。
那　樣　的　　沉　痛　，　那樣的　憂　　外的　傷。
家　鄉　的　　泥　土　，　　分　外　的　　香　陽。
母　親　的　　臉　是　　遮避的　太　　分　陽。
家　鄉　的　　痛　苦　，　要你來　分　　嚐　旁。
母　親　盼　　望　你　，　早回她　的　　身　旁。

大智若愚　235

作者按

　　〈囚籠中的悲歌〉在北美《世界周刊》刊出後，作者與周刊收到大量迴響的信件、光碟與電話，讀者提供許多不同的資料，均強調自己的為「正確」，但歌詞略有不同，因均非原作，筆者將收到的資訊拼湊成六節歌詞，為〈囚籠中的悲歌〉收尾。

主流出版

所謂主流，是出版的主流，更是主愛湧流。

主流出版旨在從事鬆土工作—

希冀福音的種子撒在好土上，讓主流出版的叢書成為福音
與讀者之間的橋樑；
希冀每一本精心編輯的書籍能豐富更多人的身心靈，因而
吸引更多人認識上帝的愛。

【徵稿啓事】

主流歡迎你投稿，勵志、身心靈保健、基督教入門、婚姻家庭、靈性生
活、基督教文藝、基督教倫理與當代議題等題材，尤其歡迎！
來稿請e-mail至lord.way@msa.hinet.net，
或郵寄至 231台北縣新店郵政20-85號信箱，主流出版有限公司編輯部。
審稿期約一個月左右，不合則退。錄用者我們將另行通知。

【團購服務】

學校、機關、團體大量採購，享有專屬優惠。
購書五百元以上免郵資。
訂購專線：（02）2910-8729　　傳真：（02）2910-2601
劃撥帳戶：主流出版有限公司　　劃撥帳號：50027271

部落格網址：http://mypaper.pchome.com.tw/news/lordway/

主流有何 Book

心靈勵志系列

書名	作者	定價
信心，是一把梯子（平裝）	施以諾	210元
WIN TEN穩得勝的10種態度	黃友玲著，林東生攝影	230元
「信心，是一把梯子」有聲書：輯1	施以諾著，裴健智朗讀	199元
內在三圍（軟精裝）	施以諾	220元
屬靈雞湯：68篇豐富靈性的精彩好文	王樵一	220元

TOUCH系列

靈感無限	黃友玲	160元
寫作驚豔	施以諾	160元
望梅小史	陳詠	220元
打開奇蹟的一扇窗（中英對照繪本）	楊偉珊	350元

主流人物系列

以愛領導的實踐家：德蕾莎修女	王樵一	200元
李提摩太的雄心報紙膽	施以諾	150元

生命記錄系列

新造的人：從流淚谷到喜樂泉	藍復春口述，何曉東整理	200元
鹿溪的部落格：如鹿切慕溪水	鹿溪	190元

經典系列

天路歷程（平裝）	約翰‧班揚	180元

生活叢書

陪孩子一起成長	翁麗玉	200元
好好愛她：已婚男士的性親密指南	潘尼博士夫婦	260元
教子有方	梁牧山與蕾兒夫婦	300元

【團購服務】

學校、機關、團體大量採購，享有專屬優惠。

訂購專線：（02）2910-8729　　傳真：（02）2910-2601
劃撥帳戶：主流出版有限公司　　劃撥帳號：50027271

主流網路書店：http://store.pchome.com.tw/lordway

LOGOS系列2
大信若盲

作　　　者：殷穎
編　　　輯：馮眞理、許慧懿
封面設計：張杏茹

發 行 人：鄭超睿
出版發行：主流出版有限公司 Lordway Publishing Co. Ltd.
地　　　址：23199新店郵政20-85號信箱
　　　　　　P.O. Box No. 20-85, Sindian, New Taipei City, 23199, TAIWAN
電　　　話：(02) 2910-8729
傳　　　眞：(02) 2910-2601
電子信箱：lord.way@msa.hinet.net
郵撥帳號：50027271
網　　　址：http://mypaper.pchome.com.tw/news/lordway/

經　　　銷：

紅螞蟻圖書有限公司
台北市內湖區舊宗路二段121巷28號4樓
電話：(02) 2795-3656　傳眞：(02) 2795-4100

以琳發展有限公司
地址：香港九龍灣啓祥道22號開達大廈7樓A室
電話：(852) 2838-6652　傳眞：(852) 2838-7970

Christian Communications Inc. of USA
9600 Bellaire Blvd., Suite 111, Houston, TX 77036-4534, USA
Tel: (1) 713-778-1144　Fax: (1) 713-778-1180

神的郵差國際文宣批發協會
Tel: (604) 588-0306　Fax: (604) 588-0307

2011年6月　初版1刷
書號：L1102　　　　　　　　　　　　著作權所有 翻印必究
ISBN：978-986-86399-3-5（平裝）
Printed in Taiwan

國家圖書館出版品預行編目資料

大信若盲 / 殷穎著. -- 初版. -- 新北市：主流,
2011.06
　　面：　公分. --（Logos系列；2）

ISBN 978-986-86399-3-5（平裝）

1.基督教　2.信仰　3.文集

242.4207　　　　　　　　　　10007539